小寶寶是從哪裡來的呢？

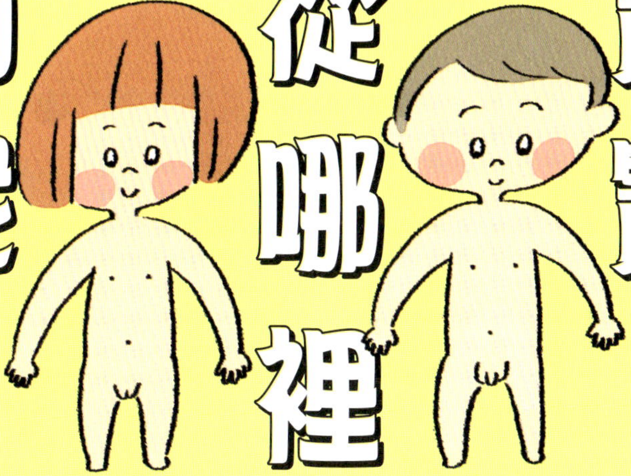

親子共學的性教育

認識身體×保護自己，
3～10歲就要知道的性知識

野島那美（のじま なみ）文
林有美（林ユミ）圖　蔡麗蓉 譯

赤ちゃんはどこからくるの？親子で学ぶはじめての性教育

目錄

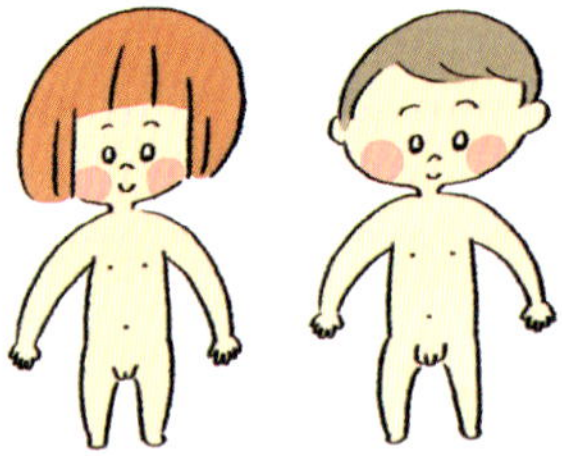

第1章 男生女生的身體結構

第2章 關於女生

第3章 關於男生

第4章

關於生命

第5章

保護自己

第6章 關於內心

「小寶寶是從哪裡生出來的？」
「爲什麼我沒有小雞雞？」
「小寶寶是怎麼形成的？」
「蘋果爲什麼是紅色？」
「雲爲什麼會浮在空中？」

大家是否發現，小孩子感到疑惑時，就會馬上提出發問？在這當中，有些問題你可以立刻告訴他答案，有些問題則會讓人心頭一驚，心想「不會吧！你居然已經想到這樣的問題了！？眞叫人不知所措……」。我也是一個養育了三個孩子的媽媽，所以類似驚慌失措的場面我也遇過很多次。

「性」本來就是我們很熟悉的東西。想要了解自己的身體、生命、日常生活中的「性」，就像想要問關於蘋果或是雲的「問題」一樣，對於孩子們來說其實是稀鬆平常的疑問。

覺得小題大作、試圖掩蓋或逃避的人，全都是大人。我們還沒有學到如何用容易理解的方式，向孩子說明關於「性」的知識。但是，孩子們才不會管這些大人的煩惱（笑）。

孩子上幼兒園、小學，都會逐漸有所成長。學會自己上廁所，學會自己洗澡，或是在團體生活與異性朋友玩耍的過程中，意識到自己的身體與別人的身體之間的「差異」。

誠實回答孩子想要了解更多事情的渴望，如此他們才有機會更加了解自己、喜歡自己，並且有機會關懷別人。

請從小教導他們正確的「性」知識。這麼做不只是「播撒知識的種子」，讓孩子們可以保護自己；同時也是在「播撒愛的種子」，讓他們知道自己是被愛的。

儘管日本是如此豐饒的國家，但是和世界上其他國家相比，敢說「喜歡自己」的孩子卻出奇地少，這種情形實在是令人十分難過。相信父母也不期望看到孩子如此。

所以希望可以透過本書傳達的性教育，讓孩子們知道家人們都深愛著他們，例如「你是在幾億個奇蹟重疊下才誕生的喔」、「爸爸媽媽會一直守在你身邊喔」。

這就是所謂的「愛的儲蓄」。當他們灰心喪志時、當他們悲傷難過時、當他們想要再次挑戰時、當他們愛上一個人的時候……，這種愛的儲蓄就會成為孩子們莫大的能量。

愛的儲蓄會直接轉變成自我肯定感。而自我肯定感的基石，無非就是堅定不移地相信「自己是被愛的」，這正是性教育最厲害的地方。

我寫這本書的目的，是希望你能和你的孩子笑著談論「性」的話題。當孩子們獨自走出自己的人生時，如果這些知識能夠幫助他們過上更豐足的生活，將是我最開心的事情。

沒關係，孩子們比大人更坦率。

別擔心，孩子們最喜歡你讀這本書給他們聽。

不要緊，請帶著愉快的心情爲孩子們唸出來。

請你一定要好好欣賞孩子們「誠實的反應」。當你讀完這本書之後，相信你的心中一定會萌生一種溫暖又幸福的感覺。

掌握性教育的五大重點

建立「泳裝禁區」的概念

在性教育中，最重要的是讓孩子們明白「身體有一些私密且重要的地方」。所以為了更容易理解，請你試著使用「泳裝禁區」一詞。泳裝禁區指的就是「嘴巴」與「穿上泳裝遮掩的地方──胸部、屁股、生殖器」，這是自己獨有的重要部位，千萬不可以讓別人看到也不能摸到（↓第88頁）。讓孩子從小擁有「泳裝禁區」的概念，不僅可以保護他們遠離性犯罪，還可以防止他們在無意間成為性犯罪的加害者。

洗澡時，是展開性教育的好時機

父母其實很難找到適當的時機，和小朋友主動談論「性」的話題，不妨趁著一起洗澡時，自然而然地展開性教育喔！而且，浴室也是一個可以讓親子靜下來交談的空間。當孩子在2~3歲時，因為尿尿弄髒內褲時，即可試著讓他們自己清洗內褲，藉此養成習慣。媽媽也可以在月經期間，讓孩子看著自己洗內褲的模樣。月經，就是一個談論生命起源的機會。

無論如何，請告訴孩子「這是一個好問題！」

當孩子提到關於性的問題時，如果大人看起來十分困惑，或是生氣地說「你不需要知道這種事」，孩子會以為「父母不喜歡聽到這種事」、「這種事不可以問」。所以就算是你無法馬上回答的問題，也請你先深呼吸一下，並且回應孩子：「這是一個好問題！」。這是一句用來隱藏媽媽吃驚表情的神奇話語。

3歲～10歲是性教育的黃金時期！

與世界上其他國家相比，令人驚訝的是，日本算是「性教育落後國家」，即便在學校教育裡，也不會教導大家重要的觀念。但是在現在這個時代，就算你不會閱讀也不會寫字，還是可以在網路上輕鬆搜尋到相關圖片或影片。為了傳達正確的知識，請你在「3歲到10歲之間」，孩子可以坦誠接受性話題和父母的愛時，傳遞性教育知識給孩子。當孩子進入青春期之後，就會開始與父母保持距離，這時才開始展開性教育，就為時已晚了。

讓我們大方、快樂、正確地教導孩子吧！

只有大人才會覺得「談論性是很尷尬的事」。對孩子來說，他們完全沒有淫穢的感覺，這是一個非常重要的時期，讓他們了解「生命誕生的奇蹟」、「父母的愛」、「如何保護自己」。首先你要捨棄會感到「很尷尬」的心魔。性教育最重要的就是教孩子正確的生殖器名稱，不要用「那裡」之類的話語搪塞，請說出「陰莖」或「陰道」等正確名稱。

前言

大人和小孩有什麼不同？

如果你遇到這個問題，會怎麼回答呢？

「鬍子會長長」、「胸部會變大」、「大人會結婚」等各式各樣的答案。

接下來你們都會慢慢地長大。

在學校和許多朋友共度時光時，肯定都會遇到與身心有關的「性」煩惱，例如「爲什麼只有女生的胸部會變大？」，或是「小雞雞的正常尺寸是多少？這實在太害羞了所以不敢問別人……」，或是「有喜歡的人該怎麼辦？」。

然而，能夠用簡單易懂的方式教導這些事情給孩子的人，肯定少之又少。

事實上，對於身心方面的「性」感到煩惱的人，並不只有你一個。即便長大成人了，還是有很多人像你一樣，偷偷地在煩惱著。

如果對「性」有很多不懂之處，和朋友相較之下，往往覺得「自己很沒有魅力」。

但是你要知道，正如每一個人都長得不一樣，每一個人身心的成長速度也不相同。

如果有一百個人，一百個人都會有自己的個性，就會散發出一百種的魅力。希望你不要忘記，你在這個世界上是獨一無二的，任何人都無法取代你。

將來，不管你多麼喜歡一個人，如果你沒有充分了解自己，你就無法自信地向對方說我喜歡你，如果你沒有完全了解對方，你也無法好好對待他。

在這本書裡，我會用簡單易懂的方式告訴大家從小就要知道的各種「性」知識，幫助大家在今後的人生中可以更加活出自己。就連許多大人也不知道的「性」疑問，就讓我們一個一個來解答吧！

趁著洗澡將內褲洗乾淨！

—— 小男生篇 ——

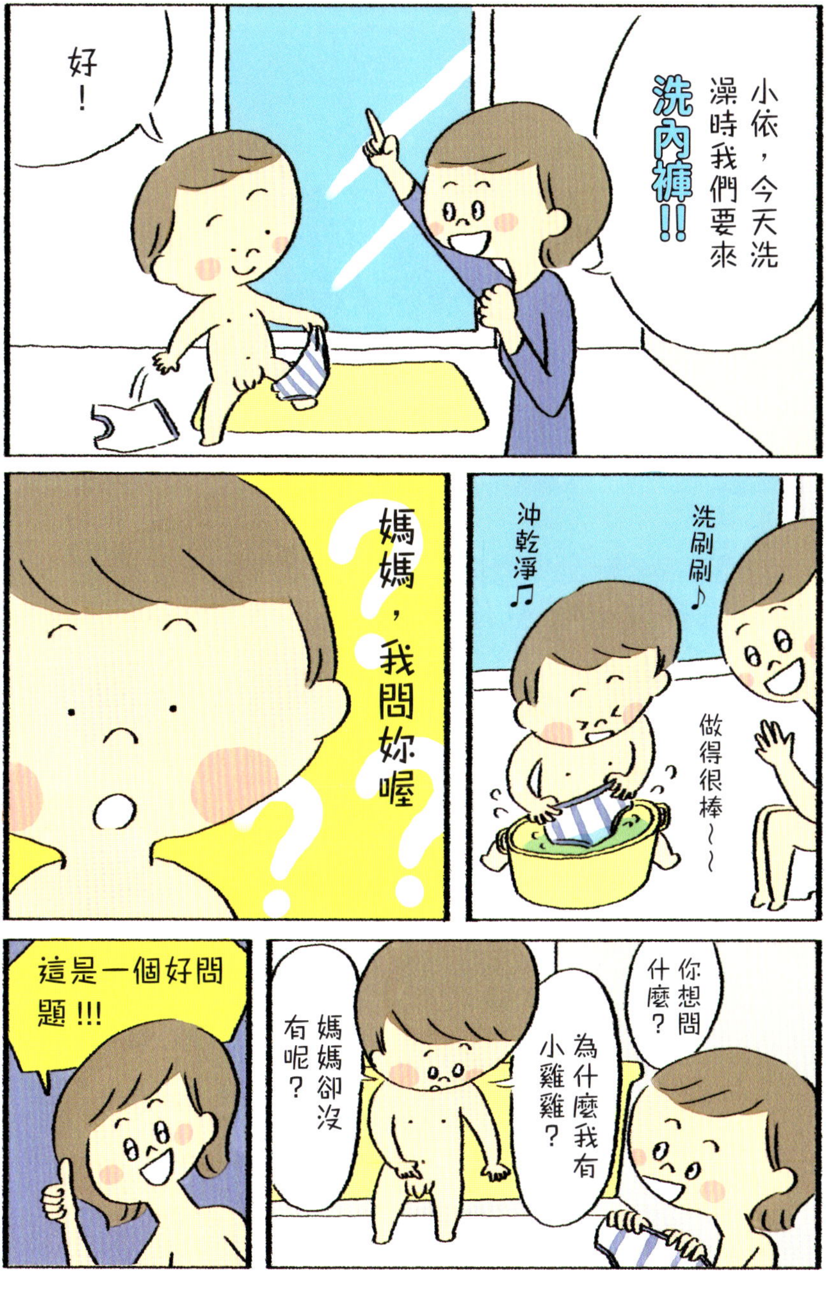

等你長大之後，男人的小雞雞就能製造出生命的種子，
女人的肚子裡有所謂的子宮，裡面會有生命的卵子，
是喔～
小雞雞的功能，就是將生命的種子好好送進去生命的卵子裡，
送進去？就像送禮物一樣♫
當生命的種子和卵子結合之後，就會製造出小寶寶的原型，
小寶寶在子宮裡長大之後就會被生出來囉！
小雞雞真厲害，我也是像這樣被生出來的嗎？
這是一個好問題！你說的沒錯喔！

趁著洗澡將內褲洗乾淨！
── 小女生篇 ──

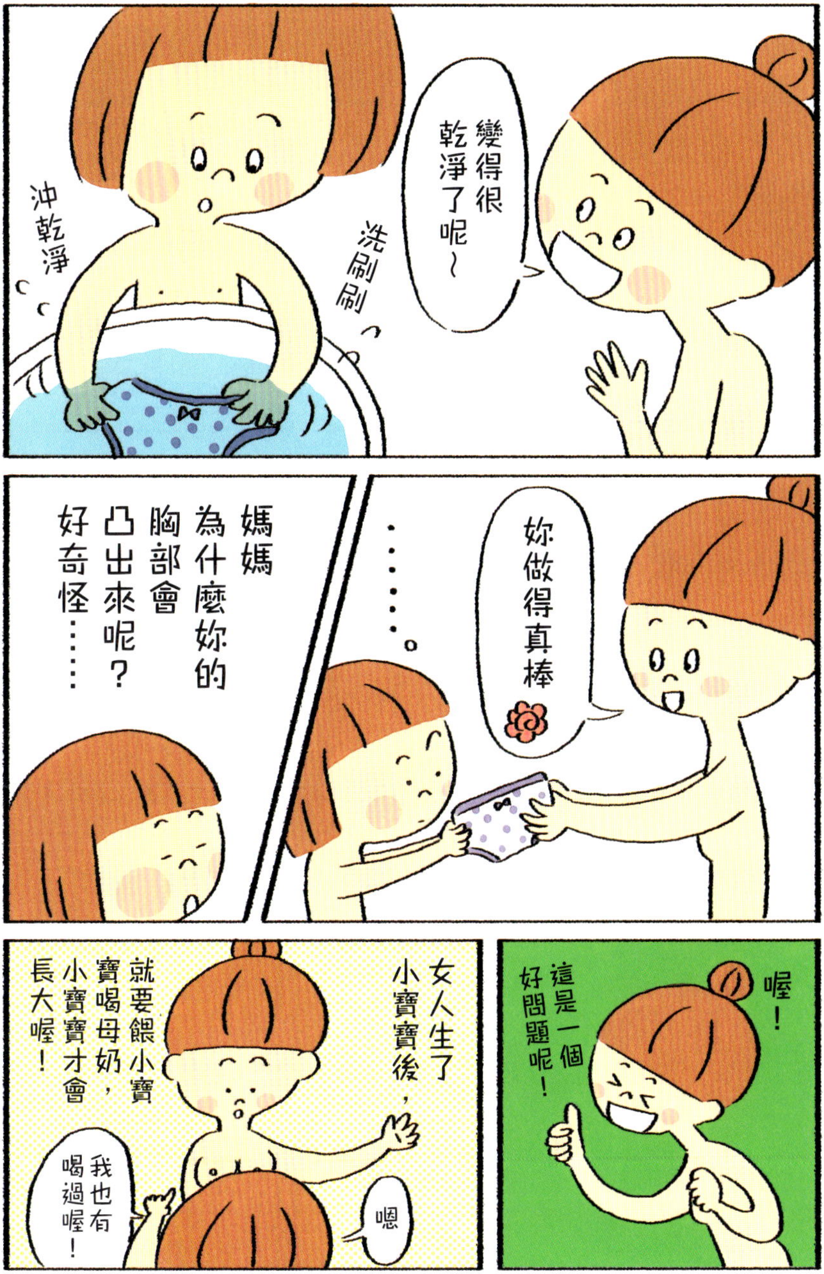

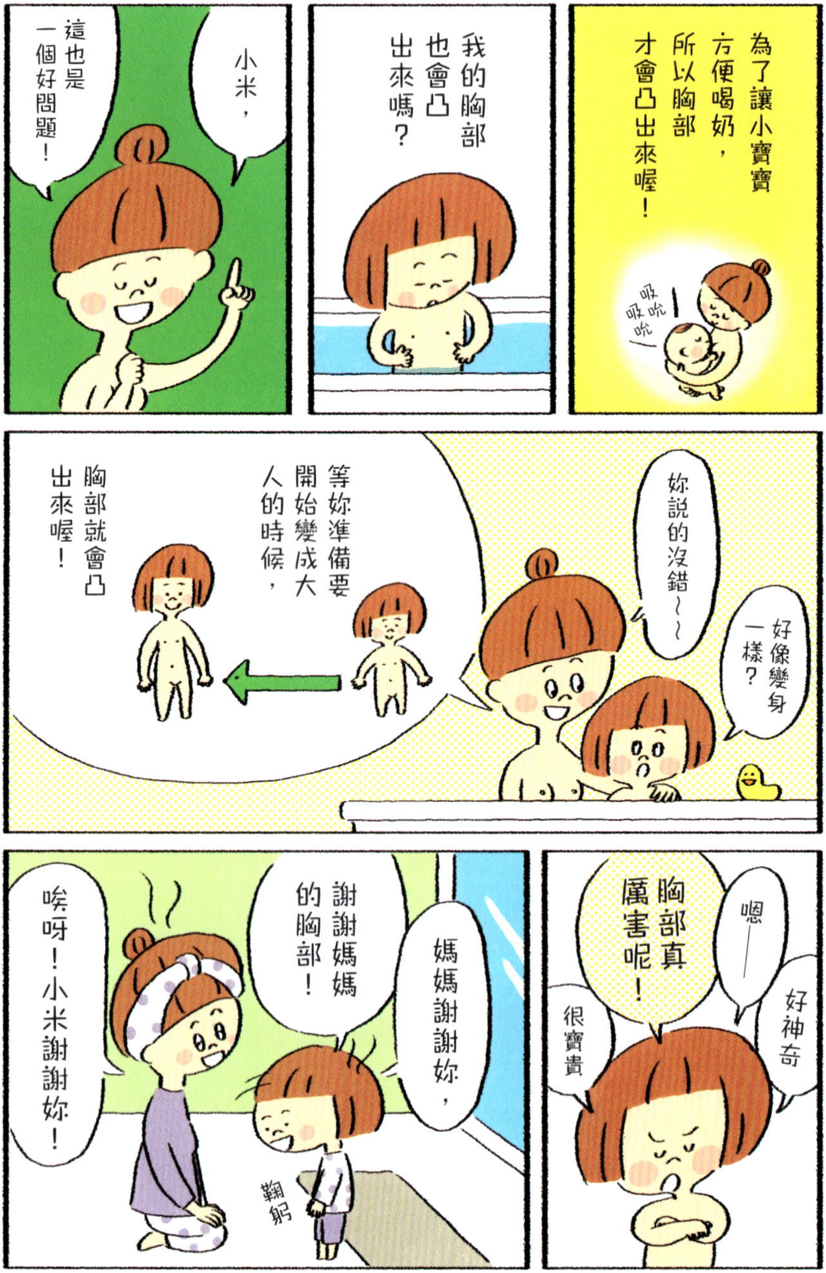
為了讓小寶寶方便喝奶，所以胸部才會凸出來喔！
吸吮吸吮
我的胸部也會凸出來嗎？
小米，
這也是一個好問題！
好像變身一樣？
妳說的沒錯～～
等妳準備要開始變成大人的時候，胸部就會凸出來喔！
好神奇
嗯——
胸部真厲害呢！
很寶貴
媽媽謝謝妳，
謝謝媽媽的胸部！
鞠躬
唉呀！小米謝謝妳！

第 1 章

男生女生的身體結構

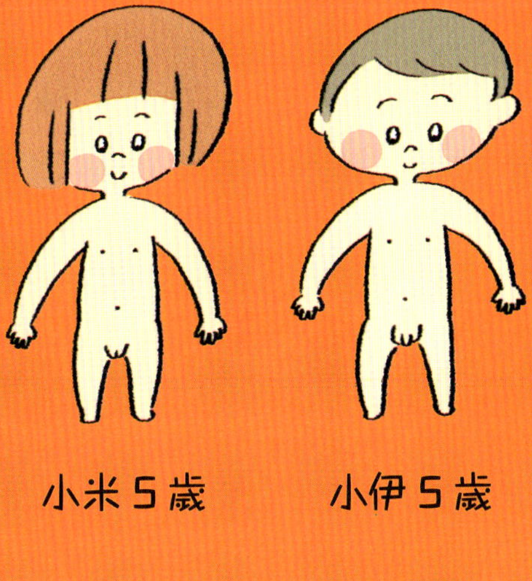

長出頭髮來了？？!!

唉～～…
真討厭～～
等一下
唉～～
真叫人難為情
大家好，我是——
「毛毛」精靈
毛賈林
會長出「毛」來，
也是身體逐漸在
變成「大人」
的一種證明！
而且「毛」
具有相當重要
的功能喔！
讓我們一起從下一頁開始學習吧！
好～～！

身體結構

爲什麼會長出毛來？

毛會長在臉上及身體上，用來保護你喔！

你身體最重要的部位是哪裡？人體的設計十分完美，所以會長出毛來保護重要的地方喔！舉例來說，頭髮就是用來保護向身體發送各種指令的大腦；眉毛

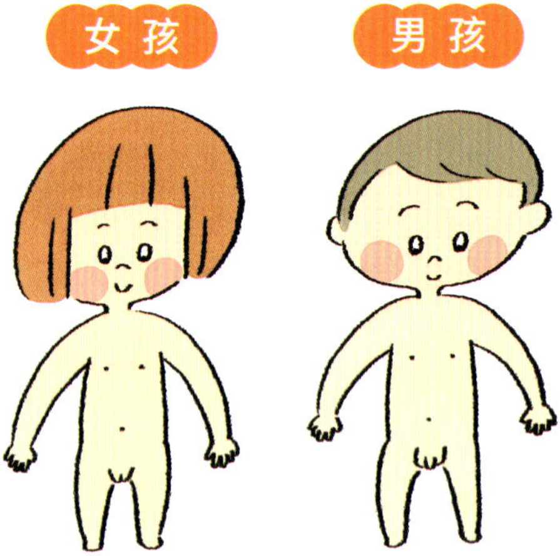

慢慢長大成人的過程中，
身體也會逐漸發生變化喔！

與睫毛的作用，則是防止汗水及灰塵進入眼睛。

那麼，爲什麼進入青春期後，生殖器上會長出毛呢？因爲這裡是生命誕生的重要部位。

這裡是孕育出生命的起源，例如女生的「卵子」和男生的「精子」。

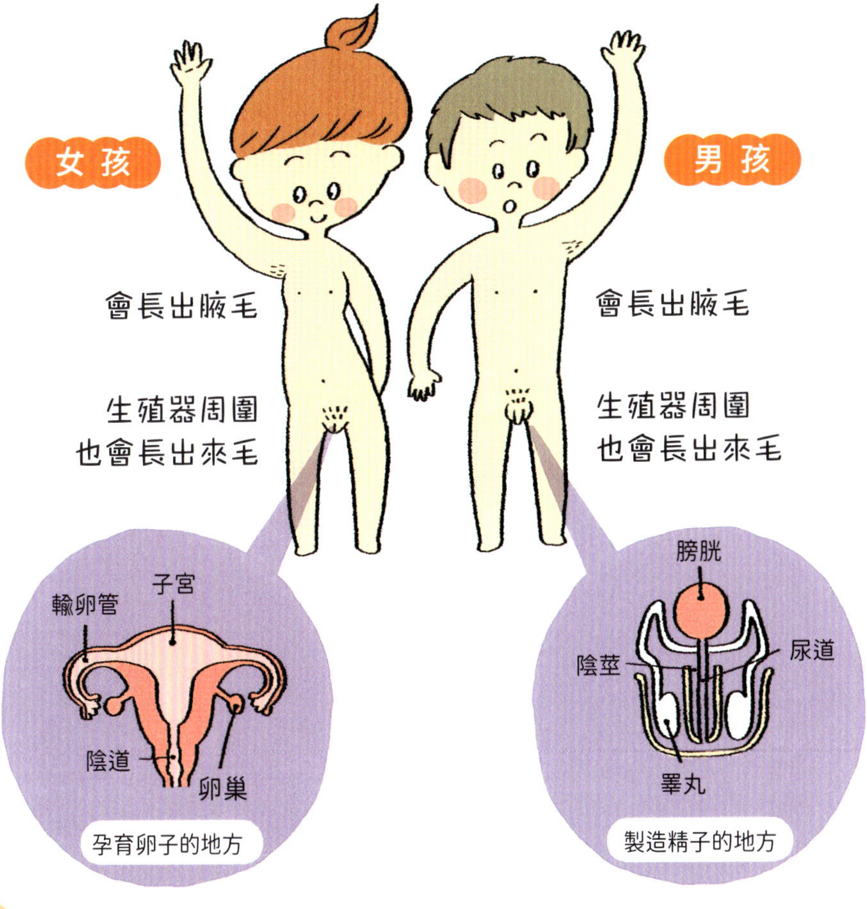
女孩
男孩
會長出腋毛
會長出腋毛
生殖器周圍
也會長出來毛
生殖器周圍
也會長出來毛
輸卵管
子宮
陰道
卵巢
孕育卵子的地方
膀胱
尿道
陰莖
睪丸
製造精子的地方

男生和女生是何時決定的？

在出生前就已經決定了喔！

小寶寶的性別在生命之初，當一顆「卵子」與「精子」相遇時，就已經決定是男孩還是女孩了喔！

但是很神奇的是，男孩和女孩都是同樣從「受精卵」的狀態開始長成的。受精卵在媽媽肚子裡成長的階段，才會逐漸變成男孩與女孩的身體。

男孩的小雞雞（陰莖）會在懷孕三個月左右開始變長，而女孩則是以陰蒂的形式長在每個女孩身上。陰莖和陰蒂基本上是相同的東西！人體充滿了許多神奇之處呢！

生殖器的成長

男生女生的生殖器，
在一開始都是
呈現相同的形狀。

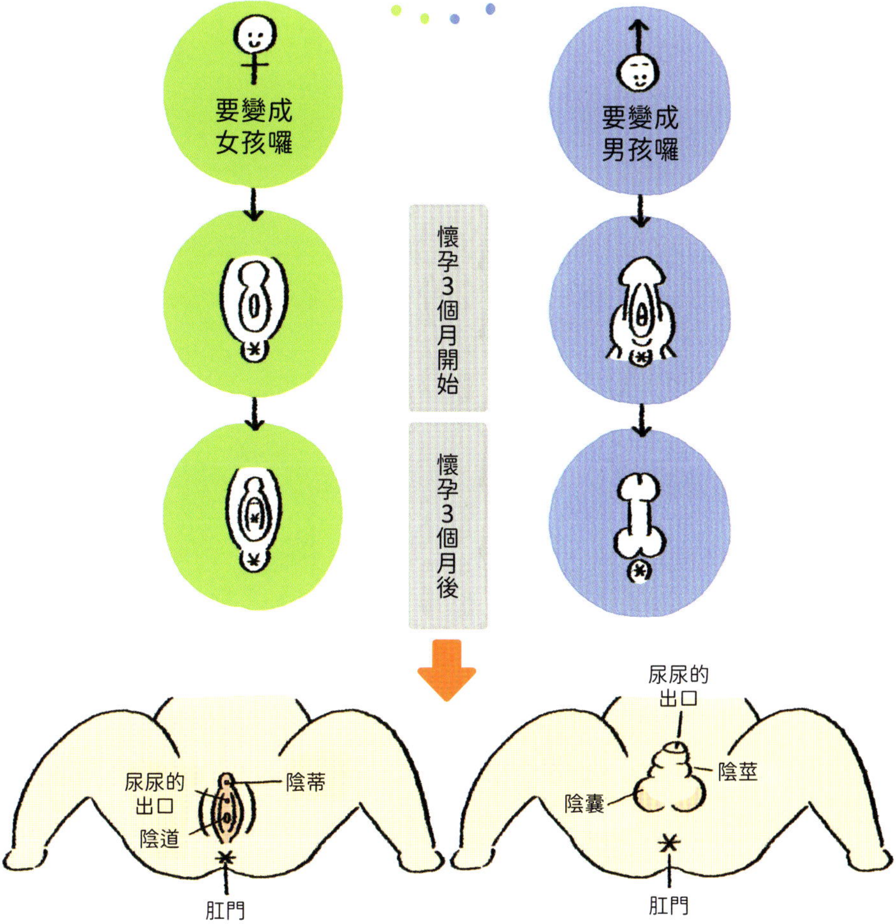

女生的生殖器該怎麼稱呼？

全家一起來決定暱稱吧！

男孩的陰莖有一個暱稱，叫作「小雞雞」，對吧？但是女孩的生殖器卻沒有一個方便稱呼的名字。所以，不妨和家人一起取一個好聽的名字，或是容易稱呼的暱稱，你會取怎樣的暱稱呢？

我們來取一個暱稱吧♪
叫什麼好呢？快來想想看
小蛋蛋？
小美好？
小奇蹟？

好好想一個暱稱吧

和家人一起思考，寫下幾個暱稱吧！

小雞雞的正常尺寸是多少？

每一個人的大小都不一樣喔！

就像每個人的臉都長得不一樣，小雞雞也是會因人而異。有的大、有的小，有的長、有的短。還有一些小雞雞會彎曲，而且顏色也是略有不同。換句話說，並沒有一種所謂的「正常陰莖」，每個人都是獨一無二，具有自己的特色喔！

所以，你不必和朋友比較小雞雞的大小或形狀，也不用有過多的擔心，長大之後，當小雞雞變大（勃起）後達5公分的話，就可以生小寶寶囉。

我正常嗎？

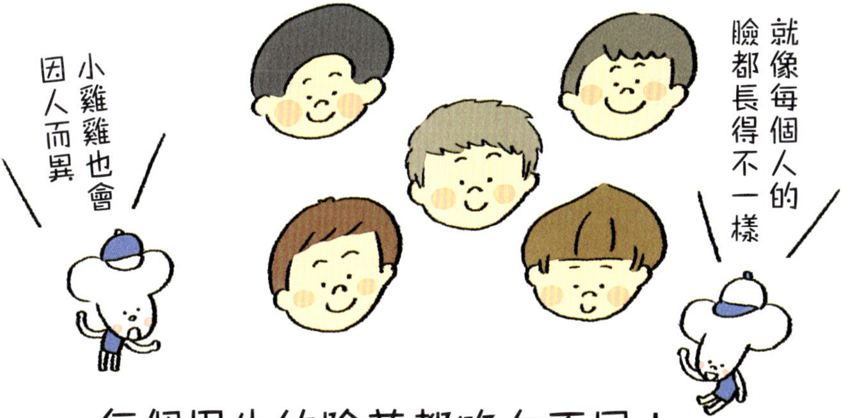

每個男生的陰莖都略有不同！

爲什麼小雞雞會變大站起來？

小雞雞正在練習變成大人喔！

當男人在製造小寶寶時，要將陰莖插入女人的陰道，將「精子」送到「卵子」附近。但是陰莖又軟又沒力的話，會很難進入陰道。所以從小時候開始，小雞

雞就會練習變大變硬再站起來（勃起），準備製造小寶寶。

當你觸摸陰莖時，血液就會聚集而站起來，不過在其他時候，例如想睡覺、想尿尿或是小雞雞摩擦到褲子時，有時候也會站起來，這是自然現象，一點也不奇怪喔！

放心，這是為了
變成大人在做準備！
有時在小寶寶的時期，
小雞雞也會站起來喔！

我家的孩子…是異類？？

怎麼開始變聲了？

這是為了變成好聽的聲音喔！

男孩的聲音會忽高忽低，變成和過去不一樣的聲音，這便稱作「變聲」。

在動物的世界裡，許多雄性動物都會發出悅耳的叫聲，藉此吸引伴侶能選擇自己。

人類大概到了國中階段，在12～14歲時會進行變聲。一開始變聲的時候，男生可能會覺得很驚訝，不過可以好好期待自己會變成怎樣的聲音喔！

順便說明一下，女生也會變聲，只是幾乎沒什麼變化，所以很多人根本沒有察覺到。

男生都會經過變聲階段，
藉由「好聽的聲音」
吸引伴侶。

親子共學
給家長的建議 1

要割包皮？還是不割包皮？男生的陰莖各不相同！

許多家有男孩的母親，普遍都會擔心的問題之一，就是男孩子應不應該割包皮？事實上，就連**日本泌尿科協會也沒有一個標準答案**。

不過進入青春期之後，許多男孩都會暗自擔心，或是出現自卑感，都是「包莖」的問題。

包莖就是陰莖的龜頭部位被包皮（皮）蓋住的狀態。不過，首先希望大家要明白一點，就是剛出生的小寶寶，大家都有包莖。

包莖大致上分成二種：真性包莖和假性包莖。「真性包莖」指的是不管包皮怎麼翻，龜頭部位都完全看不見的狀態。

另一方面，即使龜頭被包皮蓋住，但是用手將包皮往腹部方向拉起之後，龜頭部位就會稍微露出來，或是即便沒有馬上露出來，但泡個熱水澡後就能將包皮翻開、呈現稍微露出來的狀態，便稱作「假性包莖」。

有些男性會因為看到一些廣告推薦的包莖手術，而認為「自己可能有包莖，必須動手術才行」，但是實際上「假性包莖」並不需要動手術。**據說日本有將近七成的成年男性都是「假性包莖」，所以完全不成問題。**

坦白說，九成九的女性都不了解包莖的種類！但是全世界的男性，似乎都誤以為女性會很在意，所以才做了不必要的手術。

對男生來說，陰莖是鞏固身分的根基。如果擔心「可能有包莖」、「陰莖也許很小」，就會對自己失去信心，也無法向喜歡的人表達自己的心情……。

所以，**請家長們要在孩子10歲之前告訴他們正確的知識，**例如「女生不會因為小雞雞的關係而不選擇你」、「日本人幾乎都是假性包莖」。如此一來，**才能大大降低被錯誤的資訊誤導的風險，不會為了陰莖的事而煩惱。**

話說回來，包莖絕對不是一種疾病，不過從小將包皮割掉的話，的確有助於維持乾淨。青春期前的包莖，如果趁著洗澡清潔身體時，將小雞雞的皮往腹部方向拉高，慢慢將龜頭露出來並持續訓練的話，龜頭部位就一定會顯露出來。

只不過，**這個部位非常敏感，所以絕對不可以勉強為之。**應該好好鼓勵小孩子能夠自行清潔。

舉例來說，當你們一起在泡澡時，可以鼓勵孩子：「你要數到10，再順勢將包皮往腹部拉上來！」

女生的生殖器，也要取一個親切的名字

男女擁有不同的身體構造，必須正確教導孩子這些差異。

因此，將女性生殖器叫作「陰莖」，或是說「女生有很小的陰莖」，基本上並不適合！性教育有一大前提，要避免使用會讓孩子感到困惑的說法。

女性生殖器並沒有類似「小雞雞」這樣的暱稱，所以不妨和孩子一起想一個暱稱，讓你們在洗澡時可以說「要把○○○○洗乾淨喔」之類的話。

順帶一提，日本人稱女性的外生殖器為「Manko」，儘管對此有諸多說法，不過據說是「希望多子多孫」的意思。從前許多婦女會在分娩時死亡，而孩子能活到三歲的機率非常低。因此，女性的生殖器才會被稱作「Manko」，衷心期盼著「孩子能夠順利長大」、「能夠多子多孫」。

話雖如此，要是孩子在眾人面前說「Manko！」的話，那就麻煩大了（笑）。再說，這世上也有一些人，並不想聽到有關性的事。所以孩子從小開始，就要好好告訴他：「離開家裡之後，就不要任意談論任何與性有關的事了」。

第 2 章

關於女生

小優 12 歲

月經終於來了!!

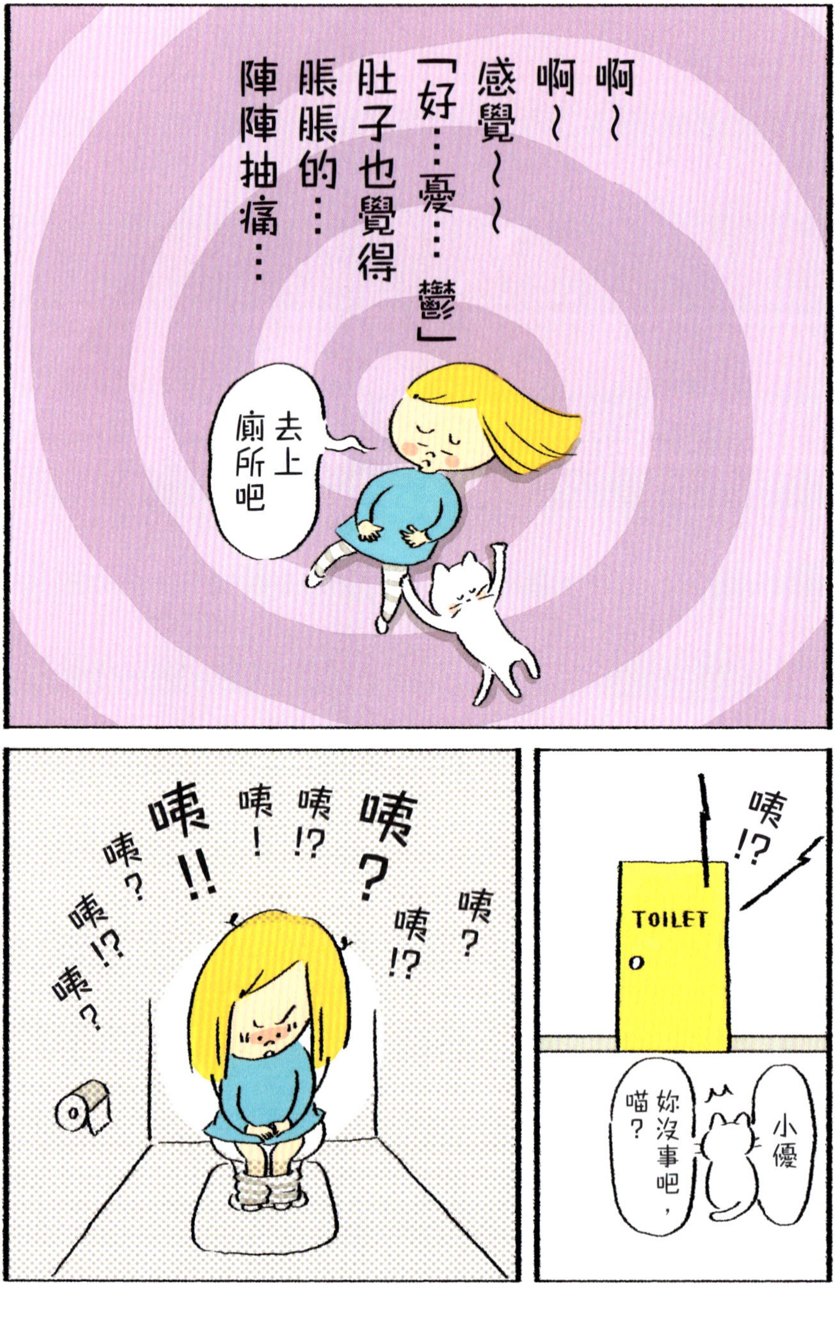
啊～
啊～
感覺～～
「好…憂…鬱」
肚子也覺得
脹脹的…
陣陣抽痛…
去上廁所吧
咦!?
小優
妳沒事吧，喵?
咦?
咦!?
咦?
咦!?
咦!
咦!!
咦?
咦!?
咦?

血！
內褲上沾上血了！
流血！
血…有血！
為什麼？為什麼？為什麼？
會不會是哪裡受傷了？……難道我生病了？？？
嗚……
沒事啦♡
小優妳放心，妳沒有「受傷」，也不是「生病」，那個是「月經」！
大家好
我是子宮小姐♡
小優的媽媽，我們從下一頁開始一起學習吧！
沒事的
喵

月經是從幾歲開始？

很多女生都是在10～12歲開始

在女生的肚子裡，每個月都會爲即將出生的小寶寶，準備一張軟綿綿的床。這張床是用血做成的，如果受精卵沒有來，大約一個月就會換一張新的床。這時候，不再需要的床，血液等就會

哇塞，身體的運作方式真是太神奇了！

月經的運作方式

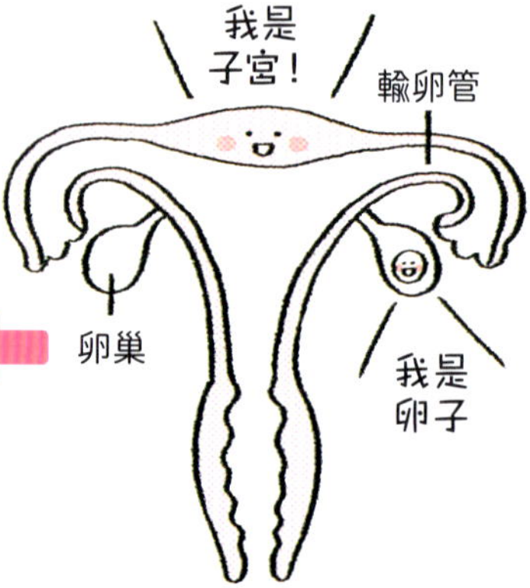
我是子宮！
輸卵管
卵巢
我是卵子

卵巢中的卵子會長大喔！

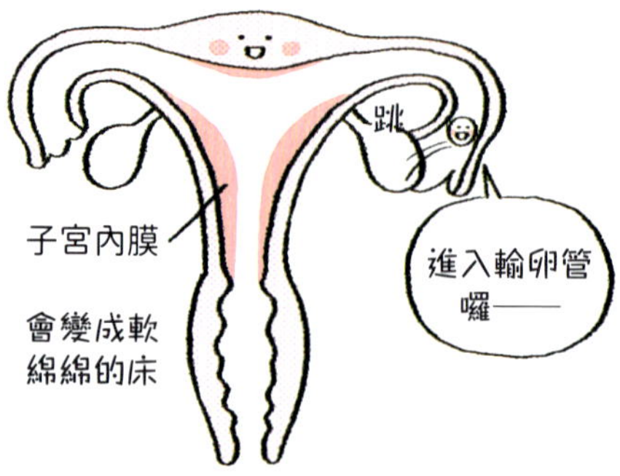
跳
子宮內膜
會變成軟綿綿的床
進入輸卵管囉——

在子宮裡，
內膜會充滿血液而逐漸變厚。

經由陰道排出體外，這就是所謂的「月經」。

月經開始的年齡因人而異，不過很多孩子似乎都是在10～12歲左右。在月經開始之前，有時會發現褲子上沾上了黏黏的東西，或是有顏色的物質。這些稱作「白帶」，也是月經要開始的信號。

這是子宮
一個月的
模樣喔！

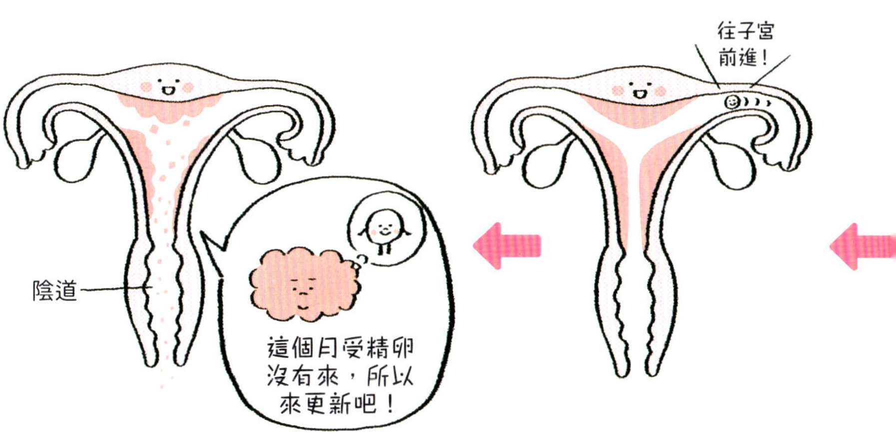
往子宮
前進！
陰道
這個月受精卵
沒有來，所以
來更新吧！

進入輸卵管的卵子，如果沒有遇到精子，就不會變成受精卵喔！

如果沒有變成受精卵，子宮的內膜就會剝落並排出體外。

爲什麼月經期間會感到煩躁？

身體正在準備變成大人喔！

女生從8歲左右開始，體內就會開始逐漸產生「女性荷爾蒙」。接下來，胸部會變大，身材會變得女性化，而且月經會來潮。

突然會覺得煩躁或想哭，就是因爲女性荷爾蒙的影響。身體正在一步步地，努力「變成女性的身體」、「變成大人的身體」。

所以，就算不小心發脾氣，對媽媽說了一些任性的話，或是哭得亂七八糟都沒關係，媽媽都會體貼地包容妳喔！

月經前和月經期間
各種情況

好像發燒了

心浮氣躁

便祕——

頭痛……

好睏～～

長痘痘……

這些全部都是為了變成大人的必經過程，好好調適吧！

關於女生

月經期間，肚子一定會痛嗎？

有的人會痛，也有人不會痛喔！

月經期間，有些人會肚子痛，有些人不會。但是，如果妳覺得「月經很討厭」、「很麻煩」的話，肚子就會痛起來。所以不可以討厭月經喔！

肚子痛的時候，不妨吃

如何度過生理期

月經期間，最好不要太勉強自己，提供幾個不錯的緩解方法。

稍微活動身體

整天都要面帶笑容

點止痛藥，並試著跟媽媽聊一聊吧！當肚子非常痛，或是出血量比平時多很多時，還有月經持續很長的時間，或是超過2個月沒來的話，都要要跟媽媽說喔！

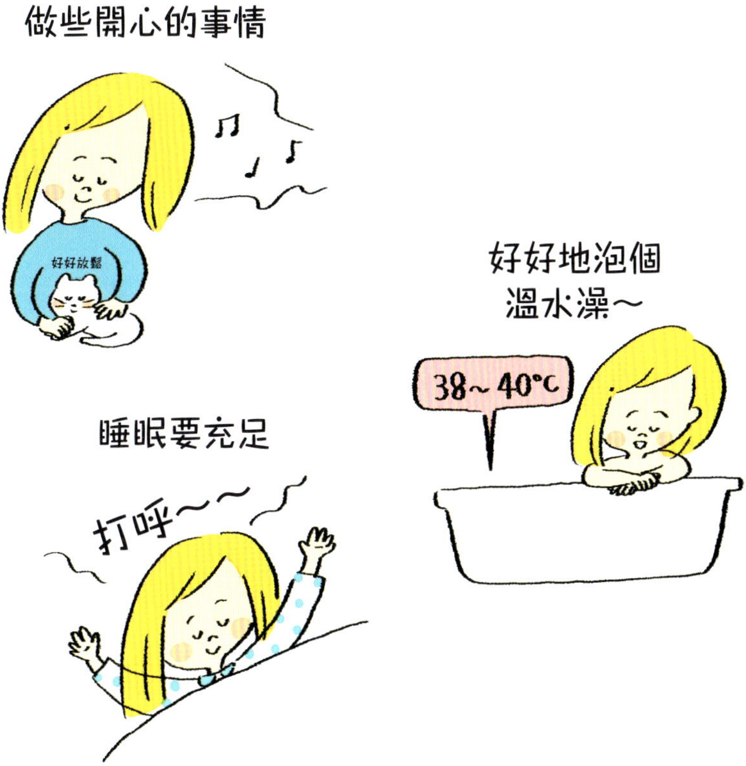
做些開心的事情
好好放鬆
好好地泡個溫水澡～
38～40°C
睡眠要充足
打呼～～

月經會流多少血？

會流出半瓶牛奶的血喔！

MILK

雖然經血量會因人而異，但是據說在月經期間，大約會流出50～100毫升的血液，也就是半瓶牛奶左右的血喔！

月經剛開始的時候血量很少，也無法精準預測它何時會來。

月經期間最好在每次休息時，都要更換衛生棉。如果經血弄髒了內褲，就要自己洗乾淨喔！

衛生棉有
二種類型
沒翅膀的
有翅膀的

衛生棉的使用方法

1

將衛生棉的
包裝袋拆開

包裝袋不要丟掉，
等一下還會用到

2

沒翅膀的　　有翅膀的

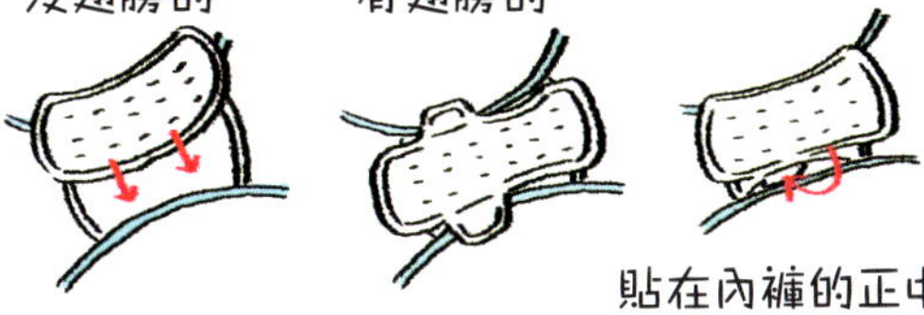

貼在內褲的正中央，
再將翅膀部分黏在
內褲背面

穿上褲子時要避
免衛生棉移位

3

將用過的衛生棉
放在包裝袋上

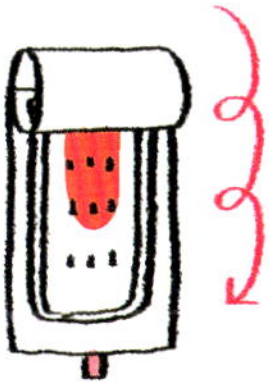

一圈圈捲起來

順便用膠帶固定

4

要丟進衛生用品
垃圾桶裡喔
不可以丟入馬桶

做個可愛小袋子，
專門放置月經用品

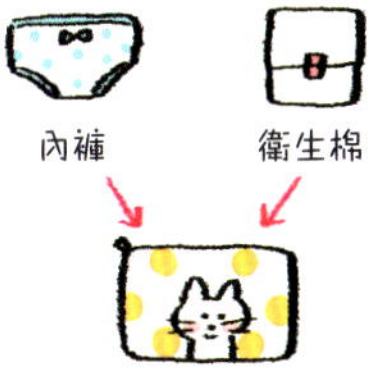

預先練習，以便迎接初經的到來

許多孩子似乎都是在學校的活動中經歷初經來潮，比方說校外旅行、露營，或是社會科戶外考察等等。

如果不在學校裡，而是在活動期間剛好遇到月經，很容易弄髒內褲，而且還會受到驚嚇，不知道該如何是好……。初經來潮時如果沒有好好處理，有可能會讓孩子的心理受傷，難得的校外活動也會受到影響。

等到孩子到了小學四到五年級之後，就要開始和她們談論月經的事，並帶著她們練習使用衛生棉，以便可以隨時迎接初經的到來。

另外，提到初經的準備工作，我想大多數的媽媽都只是將衛生棉遞給孩子，但是孩子真正想知道的不只有如何使用衛生棉，還有月經來潮後的心境，以及在學校如何因應。如果在初經來潮前就有好好聊過這方面的事，孩子也會比較安心。

初經剛來時，月經週期會不大規律，為了避免措手不及，**最好將衛生棉和內褲裝進小袋子裡，放在學校的置物櫃中備用。**

坊間也有很多看起來很可愛的小袋子，可將衛生棉裝入其中，方便攜帶，建議和孩子一起去選購這類的商品。

親子共學
給家長的建議 4

「月經沒什麼好丟臉的！」媽媽的這句話很重要

如果媽媽總是說「月經來肚子會很痛」、「月經很討厭」的話，孩子也會覺得月經是「很麻煩的東西」。

女性需要與月經相處將近四十年的時間，如此漫長的期間妳要憂鬱地度過，還是開心地度過，取決於「妳如何看待月經」，**所以媽媽與家人如何灌輸孩子這方面的觀念，非常關鍵！**

為了不讓孩子帶著負面的心態看待月經，可以在月經來潮時煮紅豆飯、紅豆湯，並且平常就要跟孩子說明「月經並不是丟臉的事」、「月經來訪時，我們就來慶祝一下吧」，孩子就會認為月經是一件值得高興的事情。

另外，當孩子嚴重經痛時，我認為可以讓她們請假不去上學。肚子痛會感到難受，還會擔心經血弄髒內褲，身心都不大舒服。**月經來訪時，不妨事先向班導師說明，有需要時幫孩子向學校請假，或是不上體育課。**

不過，如果每次月經來時都覺得身體很不舒服，或是月經期間持續很久等，看似不正常的情形，請務必至婦產科檢查。

與一般小兒科、內科一樣，媽媽們可以找一家值得信賴的婦產科診所，作為母女定期看診的地方。婦產科不僅是分娩的地方，也是可以諮詢女性特有症狀的地方。請媽媽自己要先改變對於婦產科的看法，並告訴孩子這是照顧自己很重要的地方。

女孩的「黨群期」（Gang Age），媽媽要做好準備

8歲到10歲左右，女性荷爾蒙開始釋放出來，女孩的情緒起伏會變得更加激烈。所以，媽媽們，請先做好心理準備。

女孩正在一個人努力，試圖讓心靈和身體變成大人，所以會突然哭鬧、生氣，或是有時候妳可能會發現曾經聽話可愛的孩子，好像突然變了。

8歲到10歲左右的年齡，便稱作「黨群期」，是學習能力及體力明顯可見差異的時期，孩子會將自己與朋友比較，容易產生自卑感，也會導致更多的問題。此外，女孩子在這個時期，往往會出現一些在家不為人知、女孩特有的隱密問題。在如此敏感又危險的時期，女性荷爾蒙帶來的心浮氣躁與悶悶不樂更是會雪上加霜，十分辛苦！

在學校壓抑下來的焦躁情緒，回到家中感到安心之後，很容易就會對著媽媽大發脾氣。也許，**把煩躁的情緒發洩在父母身上，會比藏在心裡好。**

等到月經開始之後，她們的心情應該也會逐漸平靜下來。在那之前，請以極大的包容力，接受孩子的變化吧！

第 3 章

關於男生

早上起床褲子濕了!?

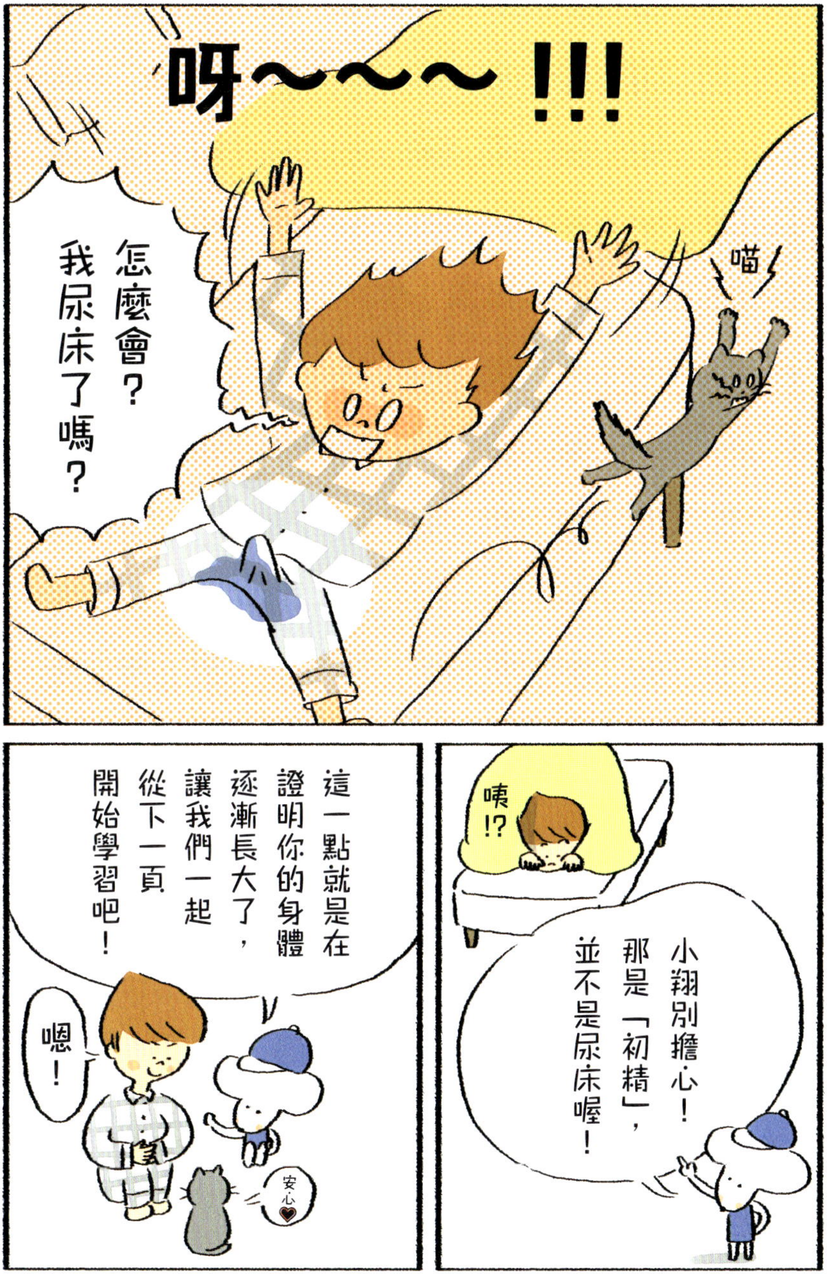
呀～～～!!!
怎麼會？我尿床了嗎？
喵
咦!?
小翔別擔心！那是「初精」，並不是尿床喔！
這一點就是在證明你的身體逐漸長大了，讓我們一起從下一頁開始學習吧！
嗯！
安心

關於男生

射精是什麼？

混雜著精子的精液流出來了喔！

當男孩接近青春期時，身體也會經歷許多變化。位於小雞雞下方的睪丸會製造出精子，從尿道口與精液一同排出體外，這種情形便稱作「射精」。精液會呈現白色，有些黏黏的，但是並不是生病了，所以不必擔心。

而且精液第一次出現時，稱之爲「初精」。據說多數人都是在12～14歲左右，會出現初精喔！

初精代表身體已經具有生育能力了，意味著往大人的階段邁進了一步，所以，這是一件十分值得開心的事情喔！

你好！
我們是精子—
我們長得好像呢！
嗯！很像
精子的形狀就像蝌蚪一樣喔！

精子非常小，大約只有 0.05 毫米。
出現初精，就代表你越來越像大人了！

夢遺是什麼？

是一種睡著時的射精行為喔！

晚上睡覺時射精，這便稱作「夢遺」。夢遺的原因有很多，例如積了很多尿液，或是做夢了，都會出現夢遺。

每個男孩都會有夢遺，所以不必擔心喔！

但是，沾上精液的內褲要自己洗乾淨後，再放進洗衣籃裡喔！在家裡也要遵守清潔禮儀，才能建構出愉快的家庭氣氛。

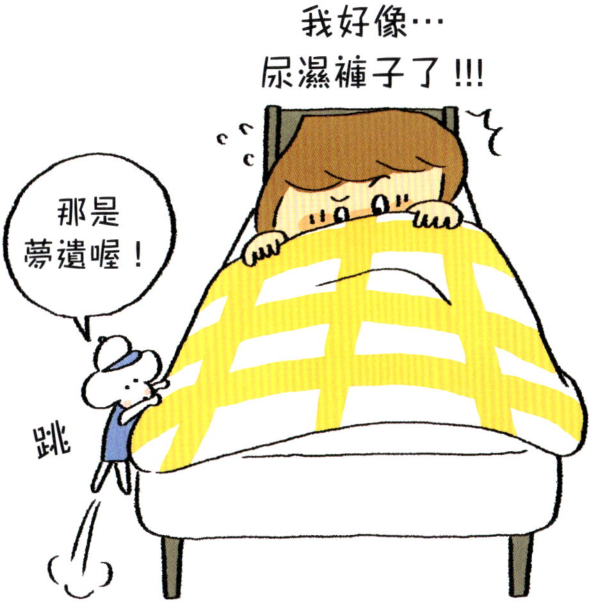
我好像…
尿濕褲子了 !!!
那是
夢遺喔！
跳

沾上精液的內褲
要自己洗乾淨後，
再放進洗衣籃裡！
嗯

每個男生都會夢遺，
所以不要感到驚訝。
但請記得將自己的
內褲洗乾淨，
才是有禮貌的行為喔！

關於男生

尿液和精液不會混在一起嗎？

身體結構會避免兩者混在一起喔！

不管是尿液或精液，都是從小雞雞的同一個地方流出，但是人體結構設計得非常完美，射精時會避免尿液流出。

所以，請不必擔心尿液和精液會混在一起。

尿尿與射精的差異

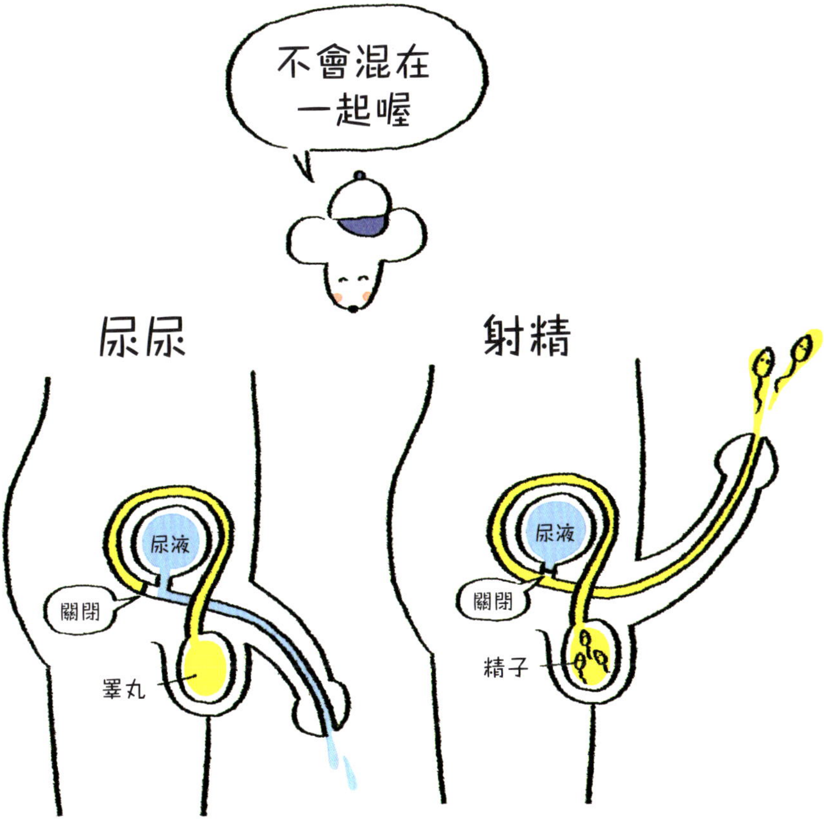

射精時，
儲存尿液處的出口會關閉喔！

關於男生

精子的數量有多少？

比住在日本的人口還要多喔！

據說一次射精射出的精子數量，在1億至4億之間，但是只有其中的一個精子能和女性的卵子相遇。

眾多精子要經過一場非常艱難的比賽，才能接近卵子。而且，只有一個勇敢的精子會遇到卵子。

所以，我們都是透過生存競賽脫穎而出的人，大家都是第一名喔！大家在出生的當下，就是第一名的英雄，真的很厲害！

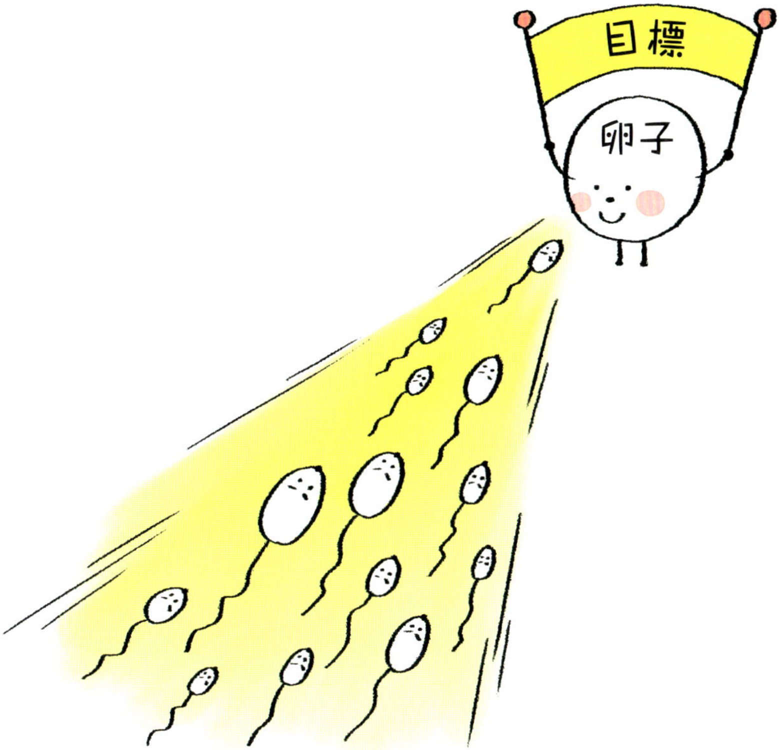

許多精子
都是以卵子為目標
進行生存競賽
光是能出生
你就是第一名了

觸摸小雞雞會覺得很舒服，這很奇怪嗎？

觸摸會覺得很舒服，這是正常現象喔！

每個人觸摸小雞雞的時候，都會感到很舒服，這是很正常的感受，所以觸摸自己的小雞雞並不是不好的事。

只不過，在別人面前觸摸自己的小雞雞，是一件會讓人感到尷尬的事，而且也會很沒有禮貌喔！

除此之外，如果被很壞的大人看見的話，他可能會覺得可以捉弄你……。所以想要觸摸小雞雞時，可以在廁所或是棉被裡，以免自己獨一無二的重要部位被別人看見。

怎麼感覺好舒服～～
我這樣很奇怪嗎？
你不會奇怪喔！
但是你只能在廁所或棉被裡觸摸，以免被別人看見
摸
摸
你的小雞雞是你獨一無二的重要部分
所以你要遵守規則！

遊戲 ❶ 找一找，人體哪裡不一樣？

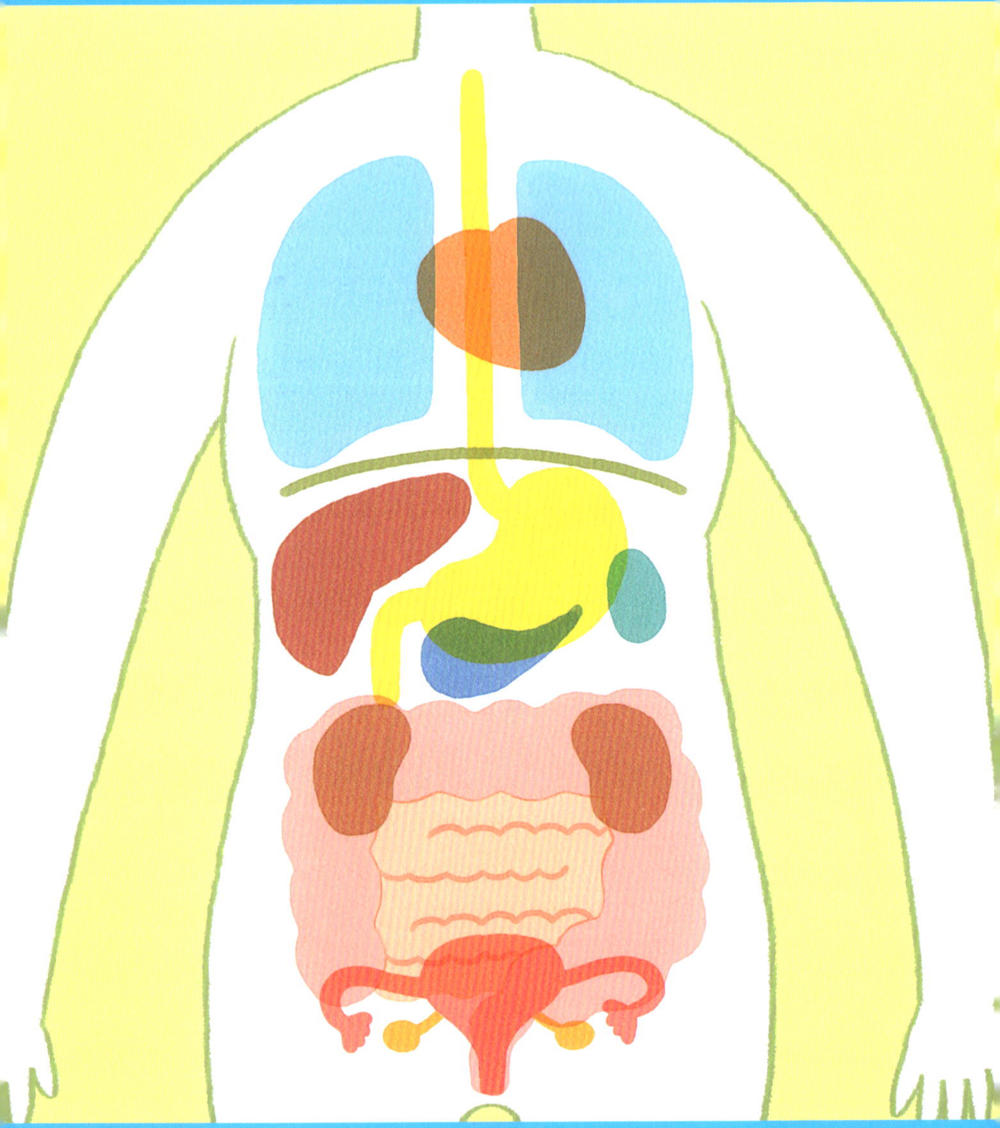

右圖和左圖有三個地方不一樣，
在哪裡呢？試著找找看吧！

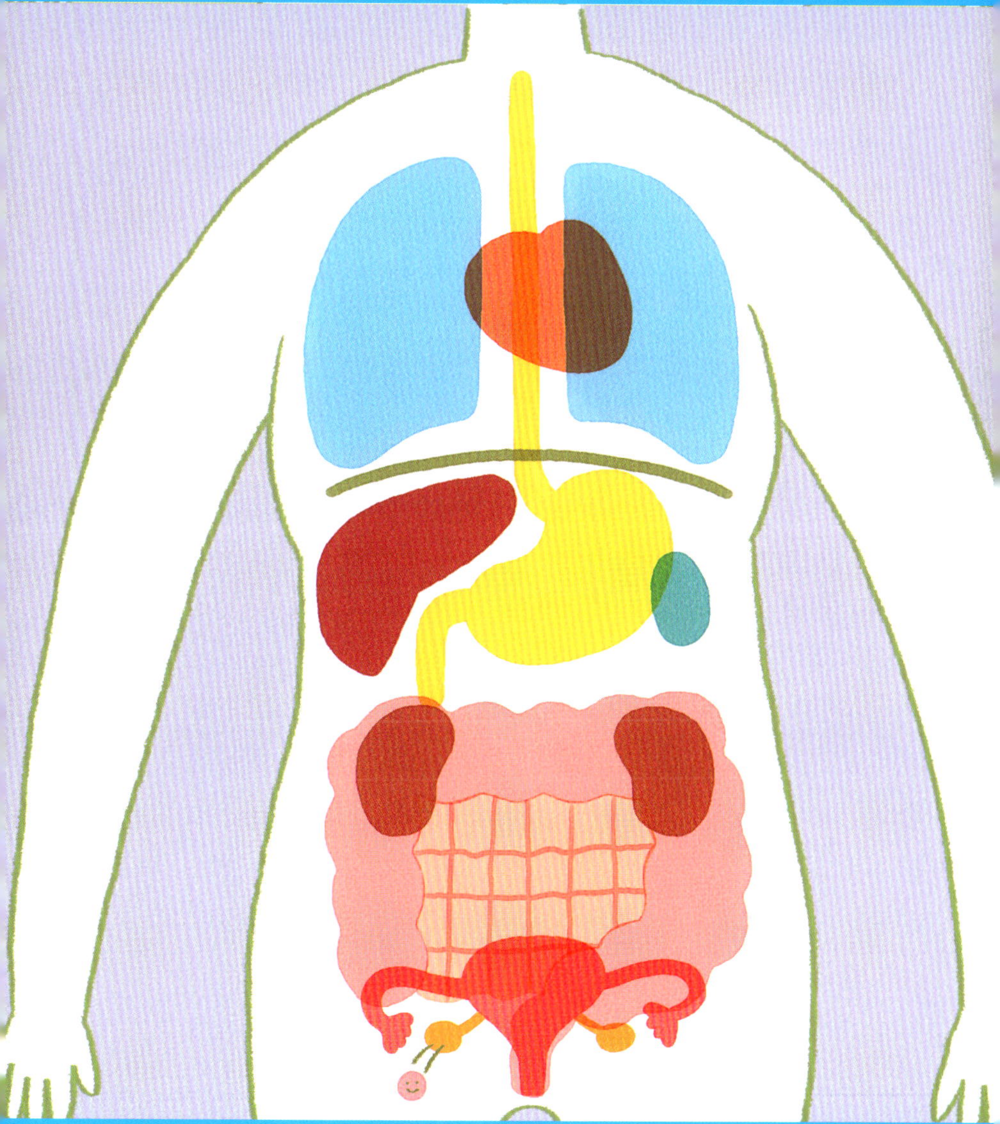

答案在第112頁

為男孩準備自己的房間，讓他可以享受獨處的時光

首先，父母要好好告訴孩子，小雞雞是身體很重要的部分。還要請你跟孩子說，「不可以讓別人看見自己用來創造生命的重要部位」、「在別人面前觸摸是不禮貌的行為」、「觸摸小雞雞不是壞事，最重要的是何時觸摸與在哪裡觸摸」。

觸摸陰莖的次數並沒有限制，每天觸摸也沒有關係。但是建議你同時要告訴孩子，生活中還有其他很重要的事情，像是和朋友一起玩耍或是學習等等。

還有一點也很重要，你要留意孩子有沒有做出一些會傷害生殖器的行為。因為事實上有些孩子會在地板或桌子上摩擦生殖器而導致受傷，所以要特別小心。

男孩上小學四、五年級之後，可以的話，請讓他擁有自己的房間。而且，**不管是男生或女生，在小學四年級之後，就要開始準備與父母分開使用臥室和浴室了**。提供孩子一個享受獨處時光的地方，是父母可以落實的面向！

進入孩子房間的時候，一定要敲門。如果你突然開門看到孩子自慰，不能責備孩子，因為做錯事的人百分之百是開門的人！孩子被你看到之後，心理上會受到很大的傷害，為了避免孩子受傷，切記一定要敲門。

第 4 章

關於生命

小寶寶是從哪裡來的？

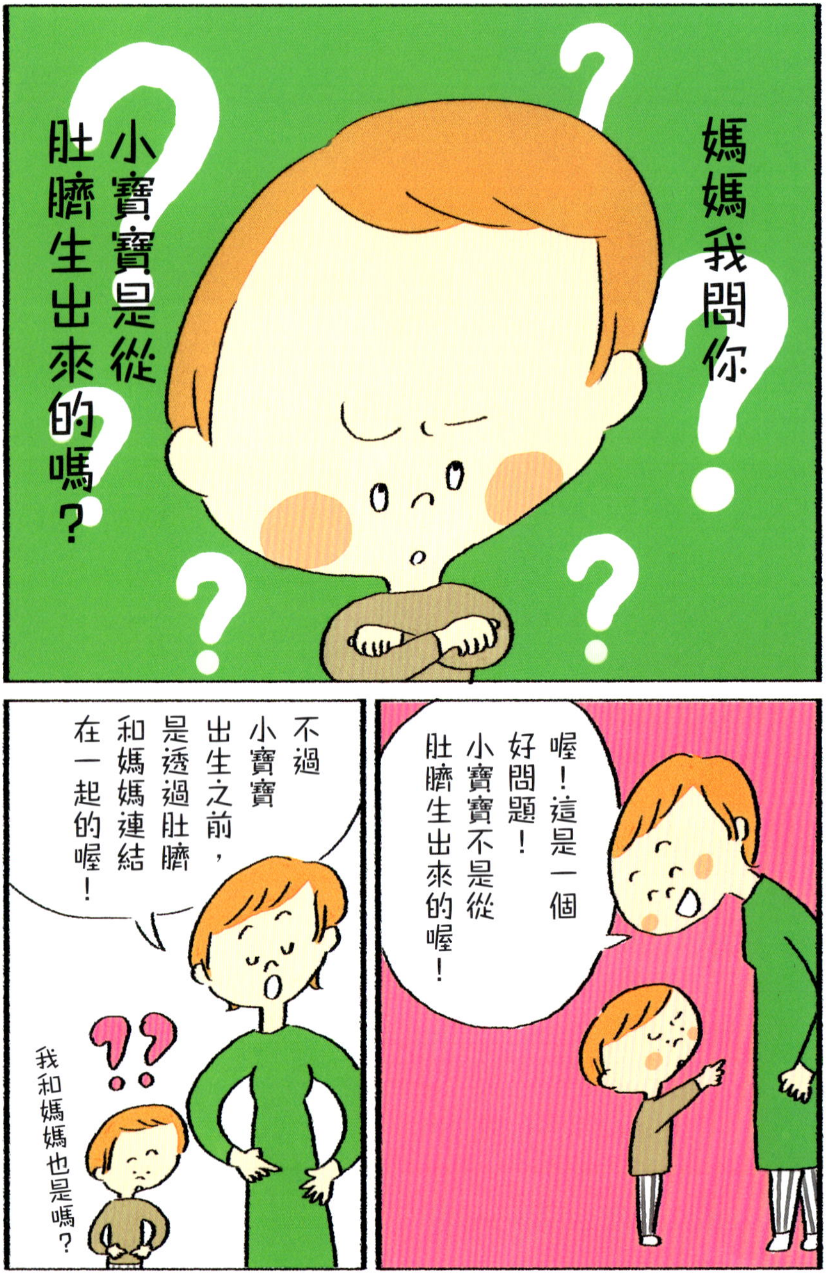

媽媽我問你
小寶寶是從肚臍生出來的嗎？
喔！這是一個好問題！小寶寶不是從肚臍生出來的喔！
不過小寶寶出生之前，是透過肚臍和媽媽連結在一起的喔！
我和媽媽也是嗎？

當小貴還在媽媽肚子裡的時候，
就是從媽媽的胎盤，經由臍帶將「氧氣」及「營養物質」送過去給你的喔！
臍帶好厲害
不過爸爸和媽媽相遇後，將你生出來這件事，
更加地厲害、更加地美妙喔！
是嗎？為什麼？怎麼說？
好開心
謝謝你出生來當我的孩子，
究竟有多美妙？媽媽現在就來說給你聽
好!!
期待期待

關於生命

爲什麼男生不會懷孕？

因為男生的肚子裡沒有嬰兒床喔！

在女性的肚子裡有一張軟綿綿的床，這是爲了出生前的小寶寶所準備的，這個地方就叫作「子宮」。

但是，在男生的肚子裡卻沒有子宮，所以男生不會懷孕喔！

爲了在將來生育孩子，女生每個月都會更新嬰兒床，這就叫作「月經」。月經期間，女生會覺得肚子不舒服，或是感到全身無力，所以請好好地體貼她們。

女生
有子宮
男生
沒有子宮

鬆鬆
軟軟
鬆鬆
軟軟

小寶寶是怎麼形成的？

當精子和卵子相遇時就會形成小寶寶喔！

當男生的精子和女生的卵子相遇之後，就會形成所謂「受精卵」的生命之源。話說回來，精子和卵子是如何相遇的呢？

對於女生來說，除了尿液的出口之外，還有一個叫做「陰道」的洞口，這是男生沒有的喔！男生會將變大的陰莖插入這裡並射精，如此一來，許多的精子就會被送進去，進而遇到卵子。在這當中只有一個精子會進入卵子裡，成爲受精卵。

而受精卵的大小居然只有0.1毫米大，比針孔還小喔！這顆小小的受精卵，就是生命的起源，會在子宮裡長大成小寶寶。

卵子的實際大小

將精子送到卵子那裡去

受精卵形成的過程

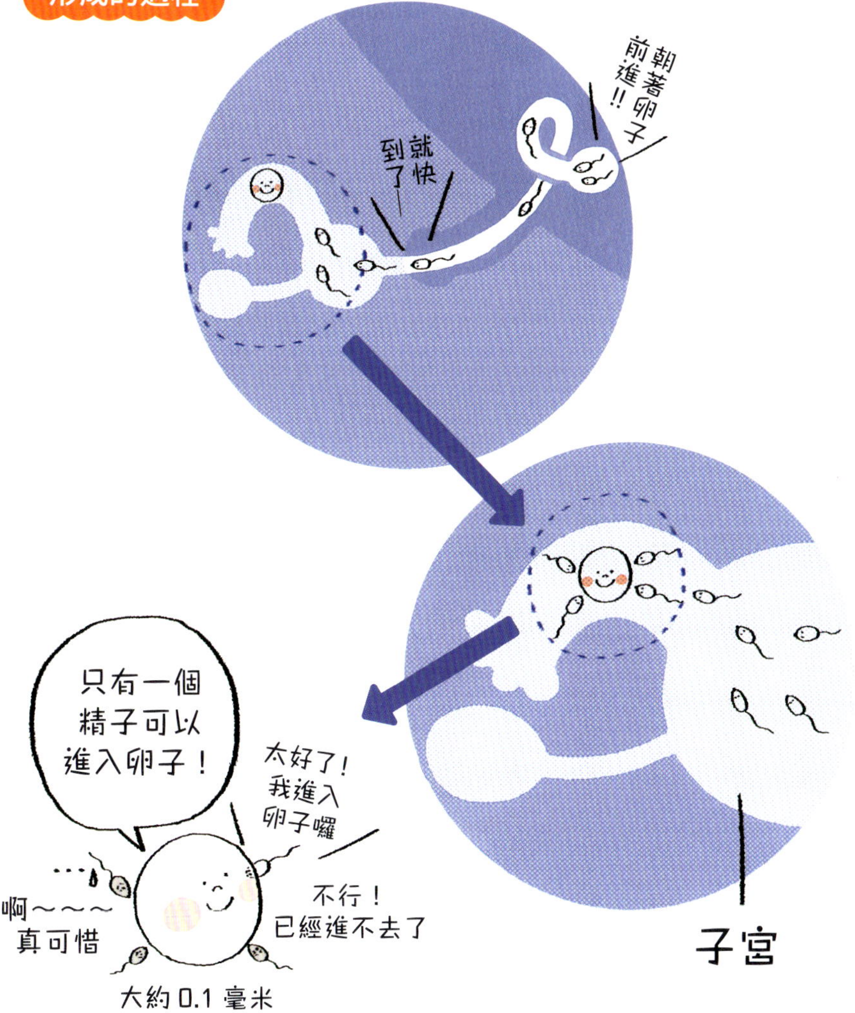
朝著卵子前進!!
就快到了
只有一個精子可以進入卵子！
太好了！我進入卵子囉
不行！已經進不去了
……啊～～～真可惜
大約 0.1 毫米
子宮

雙胞胎是如何形成的？

雙胞胎有2種形成方式

雙胞胎有「同卵雙胞胎」和「異卵雙胞胎」兩種。「同卵雙胞胎」是指在媽媽子宮內形成的一個受精卵偶然分裂成二個，接著發育出二個小寶寶。二個人都是相同性別，長相、身材以及聲音等等都會很相似。

另外所謂的「異卵雙胞胎」，則是在子宮內有二個卵子與二個精子相遇後，形成二個受精卵，分別發育成小寶寶。兩個人有時會是相同性別，也可能是男生和女生的雙胞胎。而且長相、身材等外在部分，都會不太相似喔！

雙胞胎會在子宮裡一起長大，但是先出生的小寶寶會成爲哥哥、姊姊。

雙胞胎的構造

我們是
雙胞胎
還有我都是雙胞胎～
我

同卵雙胞胎	異卵雙胞胎

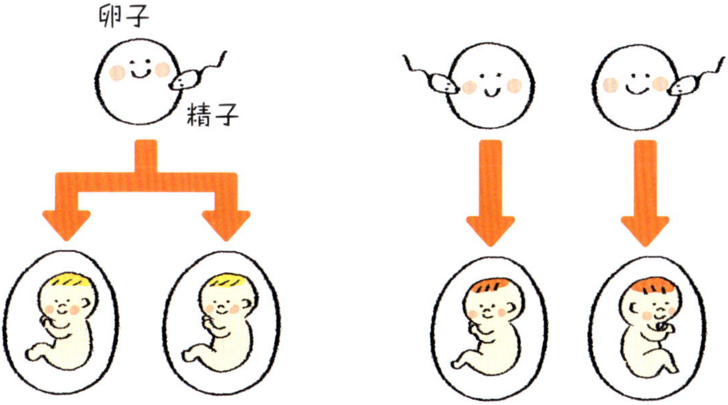
卵子
精子

由一個受精卵分裂成二個

形成二個受精卵一起發育

肚子裡的小寶寶都在做什麼？

正在練習之後如何在外面的世界生存

子宮裡的小寶寶會被稱作「羊水」的水包圍著，完全就像在大海之中一樣。他們會輕輕地漂浮在羊水之中，動一動手腳，轉圈圈玩耍。還會尿尿，或是吞下尿液，練習著如何在外面的世界生存喔！

小寶寶在媽媽肚子裡的模樣

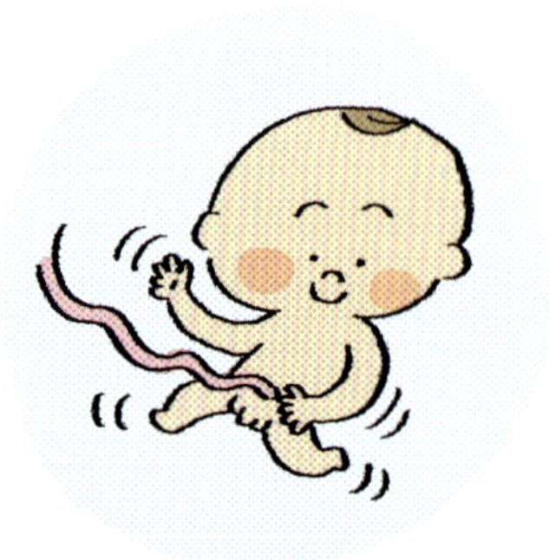

會動一動手腳

會尿尿

小寶寶會經由臍帶，
從媽媽身上取得營養物質。

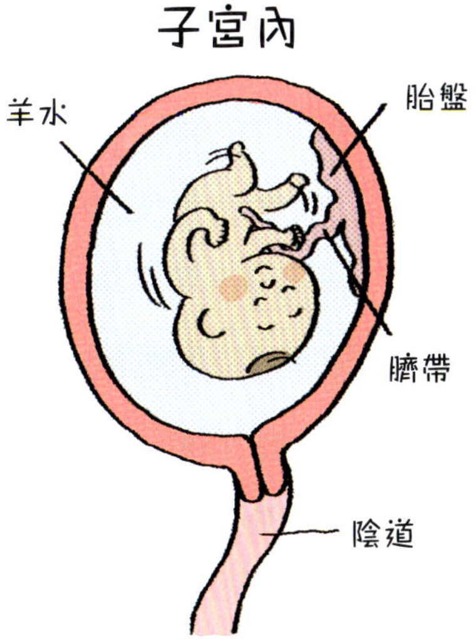
子宮內
羊水
胎盤
臍帶
陰道

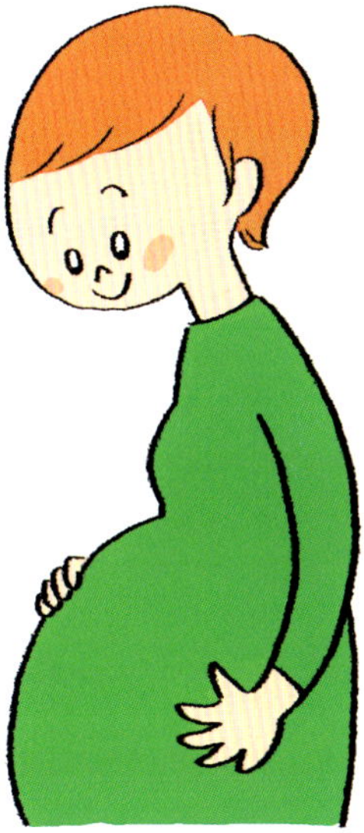

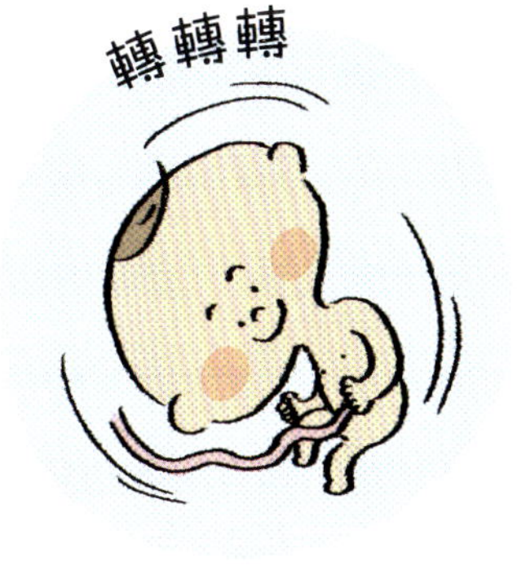
轉轉轉

會轉圈圈

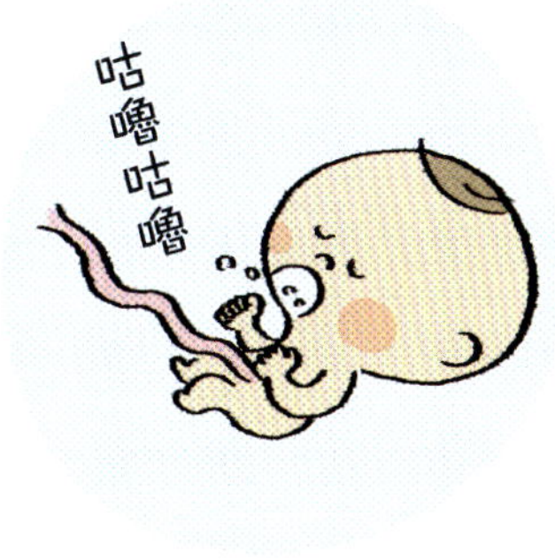
咕嚕咕嚕

會喝羊水

關於生命

爲什麼小寶寶要在媽媽的肚子裡待10個月？

因為需要10個月的時間，為外面世界做好準備

看見東西、聽見聲音、呼吸，小寶寶需要10個月的時間，才能做好適應外在世界的準備。

媽媽剛懷孕時，他們只是一些微小細胞的集合體，但是到了

小寶寶的成長

懷孕2個月初

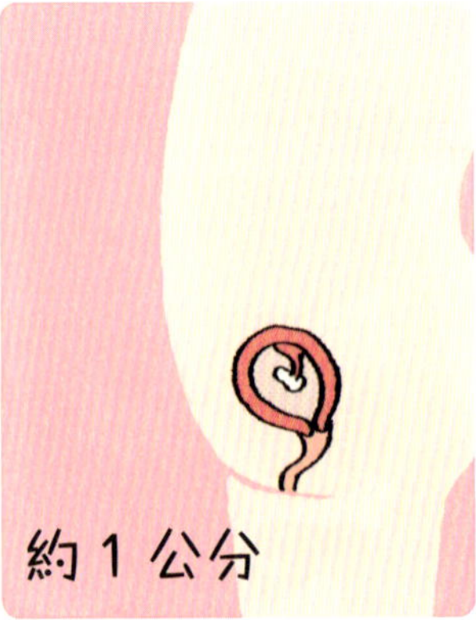

心臟及大腦等器官已經長出來囉。

懷孕3個月初

已經能夠區分出男生女生囉。

二個月左右心臟就會開始跳動，到了四個月左右，人體的重要器官就會形成。

不過，小寶寶還需要更多的時間，才能有辦法在外面的世界生存，所以大概會待在媽媽的子宮裡，長達10個月。

接下來，小寶寶會自己決定「我要在這一天出生」，並向媽媽發出所謂陣痛的分娩信號。

懷孕6個月初

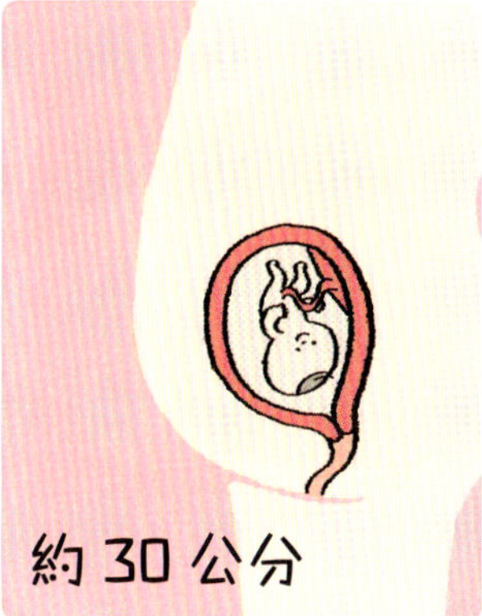

可以閉上及打開眼瞼，耳朵也聽得見囉。

懷孕10個月初

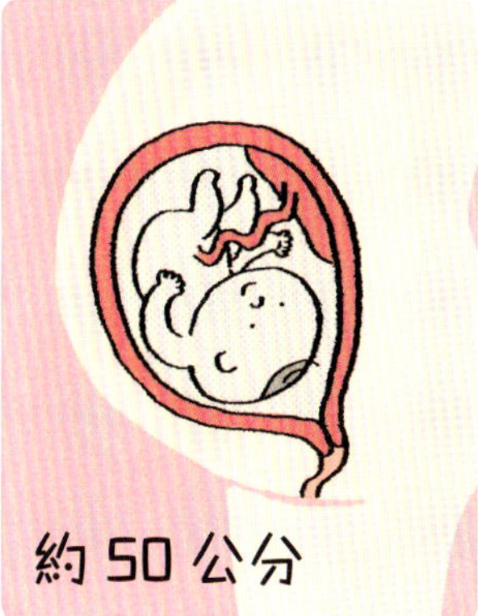

長大並做好出生的準備。

關於生命

小寶寶是從哪裡生出來的？

小寶寶出生的方式不只一種

當小寶寶長得夠大之後，子宮會收縮將小寶寶推出來，接著小寶寶會經由陰道出生。

還有另一種出生方式，是將媽媽的肚子切開，將小寶寶取出來。不管是哪一種方式，都是一個很美好的生命。謝謝你生出來當媽媽的孩子！

幾歲才可以懷孕？

最好身心都完全成熟之後再懷孕

最好等到你的年齡大到可以獨立生活時，再懷孕比較好。

在身體尚未成熟前就生小寶寶的話，無論是小寶寶的身體，或是媽媽的身體，可能都會面臨危險。從現實層面來看，養育孩

身心都做好準備，再迎接小寶寶的到來

子要花很多的錢，所以等到身心已經做好迎接小寶寶的準備，並且能夠獨立生活之後再懷孕，才能享受育兒的樂趣喔！

很多事情只有在小學時期，當你還是個小學生時才做得到；只有在國高中時期，當你是個國高中生時才能經歷，所以要多多體驗這個年紀才能做的事情。

最好等到可以
獨立生活之後
再懷孕喔！

性教育來自父母的「愛」，好好提升孩子的自我肯定感

大約有80％的孩子，會在5歲之前問一些與生命有關的問題。其實會在5歲這個年紀發問，是有原因的。

當孩子成長到5歲左右，很多家庭都會迎來妹妹或弟弟的誕生。在這種情況下，他一定會很想知道「小寶寶是從哪裡生出來的」。

孩子們會問這個問題，並不是因為發現「性」這件事，而是因為他們真的覺得「生命很神奇」，所以才會發問。**了解生命的起源，就能了解自己誕生的奇蹟**。

當孩子感到疑問時，正是一個好機會向他們解說。請你試著聊一聊「孩子出生時」的回憶，同時談論一下生命是如何地美好。這樣一來，**孩子的自我肯定感就會提升，不僅會懂得珍惜自己，也能夠珍惜身邊的人**。

最近常看到小學生發生性行為的新聞，如果是出於好奇而發生性行為，有可能會懷孕或感染性傳染病。此外，就算是彼此互有「好感」，**法律也禁止13歲以下的未成年人發生性行為**。透過性教育傳達生命的重要性，除了關心自己之外，還要培養出關懷家人、朋友及戀人的觀念。

第 5 章

保護自己

四處充滿危險!!

耶♡這個可愛的貼圖是免費的！
我來下載吧！
按♫
啊！這個遊戲物件只有現在免費！太幸運了！
按♫
DANGER
病毒
09-0094
怎…怎麼辦！
螢幕變得好可怕…
病毒是什麼？
必須跟媽媽說才行，
但是…
媽媽會不會生氣？
可是…
可是……
小優，妳怎麼了？
發抖
發抖

DANGER
我打開了很可怕的畫面!!
怎…怎麼辦
嗚哇~~
媽媽看看…
嗯嗯
妳不要哭
好了！
已經沒事了
嗚
嗚
謝謝妳立刻告訴媽媽，
妳應該嚇壞了吧？
嗯…
遊戲很好玩，
網路也很方便，
但是也會遇到很多危險喔！
嗯
世界上還會有很多其他的危險，
所以妳要和媽媽一起「許下承諾」！
好！

保護自己

如果朋友要求看你的內褲，該怎麼辦？

要明確拒絕說「不要」

請記住，你的身體有著獨一無二的重要部位，這些部位就是「嘴巴」和「泳裝可以遮蓋的區域——胸部、屁股、生殖器」，稱作「泳裝禁區」＊。

不管是男生或是女生，泳裝禁區都不可以讓別人看見或觸摸。如

泳裝禁區是自己獨一無二的重要地方，不可以讓別人看見或觸摸喔。

＊「泳裝禁區」為 Terakoya Kid 之註冊商標。

果朋友要求你「給他看」，你只要堅定地拒絕他說「我不要」就行了。

試圖要窺看或觸摸你泳裝禁區的大人，還有會給你看或給你摸泳裝禁區的大人，都非常危險！如果遇到那樣的人，就要大聲制止並逃開，再告訴爸爸媽媽或是學校的老師。

你的一句「住手！」具有神奇的力量，要鼓起勇氣保護自己。

泳裝禁區
沒有遮蓋的地方也很重要！
生殖器
胸部
屁股
嘴巴
女生
泳裝禁區
嘴巴
生殖器
屁股
胸部
男生

保護自己

如果不認識的大人跟你說話，該怎麼辦？

絕對不要跟著不認識的大人走

「我不認識路，你可以帶我一起走嗎？」、「我肚子痛，你能幫幫我嗎？」如果有一個你不認識的大人跟你搭話，你絕對不可以跟他走。

危險的人不一定會做出可疑

我不認識路…
妳可以帶我一起走
請你去問大人！

的行爲，就算他看起來很善良、人很好，事實上也可能是個壞人。好人與壞人，是很難從外表區分的，就算陌生人要求你「帶他一起去」，你也要拒絕他。

舉例來說，遇到有人向你問路時，正確的說法是「請你去問大人」。只要這麼做，就足以幫助需要幫助的人。

我給你看一隻
可愛的狗狗
我們走吧！
我不要去！

就算他看起來是個好人，也不可以跟他走！

保護自己

可以下載免費的手機應用程式嗎？

使用前，請先問問爸爸媽媽

有些智慧型手機的軟體需要付費，有些則可以免費使用。不過有很多軟體，會被壞人不當使用，從中騙取金錢，或是誘騙兒童。

有些時候，即便是大人也很難區分出安全與危險的軟體，所以，絕不可以擅自下載不明軟體，

這個遊戲是免費的，來下載吧
不行喵！

一定要詢問爸爸媽媽，他們說「可以下載」才行。

　此外，當你想用智慧型手機玩遊戲獲得新物件時，也務必要問問爸爸媽媽。你要說到做到喔！

爸爸——
這個可以下載嗎？
是什麼東西？給我看看
喵！

手機遊戲要
先問過爸爸、媽媽
再玩喔。

可以在網路上詢問身體的問題嗎？

請先向身邊信任的人詢問

網路非常便利，但是當中也混雜了「謠言」。

在網路的世界裡充斥著許多資訊，即使要問身體的相關問題，可能也很難找到正確答案。身體的問題，還是先向人生的前輩，

例如爸爸媽媽、爺爺奶奶、學校老師詢問看看。

只不過，當你向爸爸或媽媽詢問身體的問題時，有時候他們可能會被你嚇到，但那只是他們還在做準備，思考著如何回答你的問題。但是你想知道的答案，他們一定會跟你說喔！

去問問看
媽媽好了⋯
沒錯！
喵！

雖然網路十分便利，
但是完全相信是一件很危險的事！
網路上並不是每件事情都是正確的喔！

遊戲 ❷ 親子問答

在下圖中，
哪一種生物出生時長得和媽媽一樣呢？

答案在第112頁

親子共學

給家長的建議 8

社群網路濫用事件急劇增加，父母應該怎麼做才能保護孩子

二〇一八年，日本有超過一千八百名十八歲以下的兒童，因濫用社群網路而捲入事件。因手機軟體而被捲入事件的案例，也大量登上媒體版面。

只不過，這些都只是明確被發現的件數，許多孩子就算被捲入事件當中，卻因為「不想被父母責罵」而不敢告訴爸媽，事實上還有更多的事件不斷發生。請家長們一定要和孩子制定規則，例如當他在社群網路上遇到問題時一定要找你們商量、不要隨便下載手機軟體等等。

此外，近來和網路遊戲認識的人碰面，並捲入犯罪或麻煩事的例子也是屢見不鮮。遊戲中的英雄並不是真正的英雄，**你要讓孩子答應你，絕對不會和在網路遊戲或是社群媒體上認識的人碰面**。

另外，還要留意詐騙警告，例如「你的電腦上檢測到病毒」。有一次我也差點上當了！如果電腦畫面上出現了奇怪的警告或是電話號碼，甚至是警報聲響起也都不要驚慌，請孩子們一定要去跟父母報告。然後，**當孩子真的來向你報告的時候，你要適當地讚美他，證明他有自我保護的能力**。

正確地告訴孩子手機軟體以及社群網路的知識，才能保護孩子。

親子共學

給家長的建議 9

發現孩子看了色情網站，也絕對不可以生氣！

當孩子來問你身體的問題時，大人的職責就是要回答他。所以你平時就要做好準備，等著孩子來問你問題。

此外，當孩子開始使用網路之後，他會對色情網站感到興趣也是很正常的現象。心裡會好奇想看，這是人類的本性。孩子有孩子的世界，就算你的孩子不會特別想看，但是當朋友邀他「一起看」的時候，有時他也會無法拒絕。而且網路上也會有一些廣告，誘導孩子連上色情網站。

所以，請各位家長不要因為孩子看了色情網站，便予以責罵。越責罵他，他越會隱藏自己已經看過的事實。在孩子心中灌輸這種「看色情網站就會被罵」的觀念之後，當真正發生問題時，他們就會不敢找父母商量。

未來的時代，網路將是拓展世界的必要之物。這就是為什麼不可能不讓孩子使用網路。為了保護孩子遠離犯罪及麻煩事，最重要的不是讓孩子斷絕網路，而是要事先好好地教他們瀏覽網站時的規則，以及遇到麻煩時該怎麼做。凡事都要先行教育最好！

第6章
關於內心

想想對方的心情

哈哈哈!!
亂七八糟!
亂七八糟~~~
吵死了
矮冬瓜!!
矮冬瓜
明明是
女生力量還
這麼大!!
亂髮胖子!
笨蛋怪力女!
好痛
哇啊!!
吵死了
明明是男生，
卻是矮冬瓜，
死纏不休，
弱雞男~~
推!!

關懷是什麼？

做任何事之前都要考慮別人的感受喔！

說了或是做了對方覺得「不愉快」的事，就叫作「霸凌」。

就算你只是在開玩笑，但是對方可能會十分受傷。你說過的話，或是做過的事，會讓對方有何感受呢？考慮別人的感受，其實是非常重要的一件事喔！

舉例來說，你絕對不可以對別人的外表做出負面評論，或是試圖窺看以及觸摸別人的泳裝禁區（嘴巴、胸部、屁股、生殖器）。

如果你做了類似的事情，請你和爸爸媽媽，或是學校老師好好談一談。

我本來只是想
開開玩笑…
她也再三跟我說過
「住手」了……
明天我就去道歉吧！
我不該推他的，
還說了
不好聽的話…
我明天要去道歉！

考慮對方的感受，
是非常重要的一件事。

喜歡一個人是什麼感覺？

「喜歡」的感覺有很多種喔！

喜歡一個人，意味著注意到對方的優點，或是與自己不一樣的地方、嚮往靠近某個人。

有時候我們會喜歡和自己性別不同的人，有時候也會喜歡上和自己同性別的人，比方說「我喜歡某某人博學多聞」、「我喜歡某某人很會踢足球」等等。「喜歡」的感覺，有很多種形式。

不管是哪一種形式，喜歡一個人都是非常美好的一件事喔！

「喜歡」的感覺有很多種，
試著找出你「喜歡」的感覺吧！

聽到別人跟你說「男生」、「女生」會覺得很奇怪，該怎麼辦？

要重視你自己的感受

「既然你是男生，就帶藍色的包包吧」、「因爲你是女生，就穿可愛的衣服吧」。當別人這樣跟你說的時候，你會感覺不自在，這種事情並不奇怪喔！

不管你是「男生」還是「女生」，無關乎性別，你都要重視自己喜歡的東西，以及自己的感受。

我喜歡很酷的東西!!

我喜歡這個紅包的包包!!

因
為
我
是
女
生
因
為
我
是
男
生

不管你是「男生」還是「女生」，
自己的感受最重要。
無論你喜歡誰，無論你穿什麼衣服，
你都是最棒最好的。

遊戲❸ 找出到你的精子！

\ 微笑精子 /

只有一顆微笑精子混在其中，快來找找看吧！

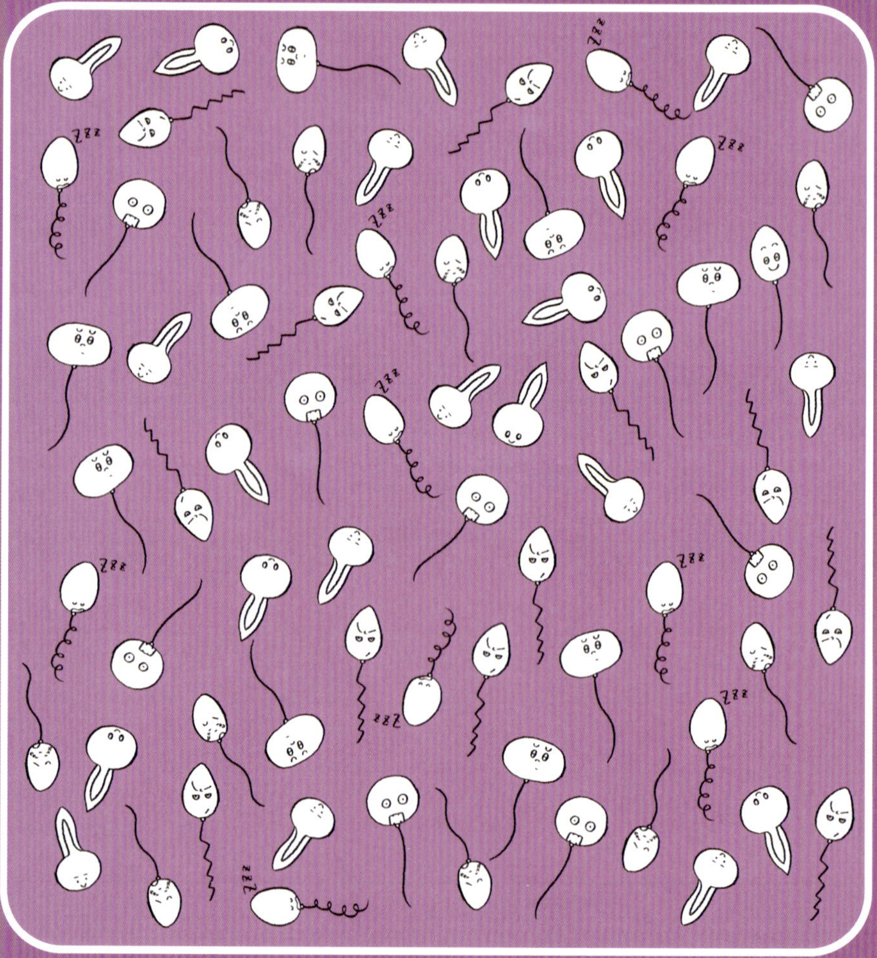

答案在第112頁

親子共學

給家長的建議 ⑩

活在未來時代的孩子們，有些話想跟你們說

大家知道「LGBT」這個名詞嗎？所謂的LGBT，L指的是Lesbian（女同性戀）、G指的是Gay（男同性戀）、B指的是Bisexual（雙性戀）、T指的是Transgender（出生時判定的性別，與自我認定的性別不一致）。據說現在每十人就有一人是LGBT。另外還有一些人不屬於這四類，多元性別可說是已經受到全世界的認同了。

對於肩負著未來的孩子們來說，有一點非常重要，他們必須意識到將和各式各樣的人共同生活。因此，父母應該也得先改變自己的思維方式！你有沒有對孩子強加了「因為你是男孩」、「因為妳是女孩」這種刻板印象呢？

在日益全球化的社會中，孩子們會因為僵化的觀念而吃盡苦頭。**身為父母的我們應該接受並理解，還要告訴孩子不能受限於性別，必須重視自己的感受，而且喜歡一個人的心情並沒有任何區別。**

當孩子是LGBT的時候，最煩惱的事情就是向父母出櫃。身為LGBT並不是任何人的錯，這是孩子與生俱來的個性。

能否接受多元性別，並善待每一個人，取決於爸爸媽媽怎麼跟孩子說明。請爸爸媽媽進行性教育時，也能讓孩子認識彼此的個性！

結語

你喜歡自己的哪個部分呢？
這本書彙集了你想知道的事情，還有希望你能事先知道的事情，讓你可以越來越喜歡自己。

說不定，也有一些事情會讓你驚訝到「嘴巴閉不起來」。
如果能讓你感受到自己的身體是奇特的禮物、好好生活是件很棒的事情，我會感到很開心。

每一個人都是很棒的人，大家都被某人所需要，無論你是誰，你都是某人「很重要」的人。
人無法獨自生活，大家都十分努力地生活著。

請你成爲一個可以珍惜自己、珍惜朋友、珍惜所愛之人的人。

當你登上大人的階梯之後，相信你會遇到更多的「煩惱」，或是「第一次」。不過，我這個比你早出生一點的大人，有一句忠告——

成爲一個大人，眞的非常快樂喔！

衷心希望你能遇到很多很棒的人，笑著度過每一天。

眞的很感謝，你的誕生。

野島那美

答案

P64　P96　P108

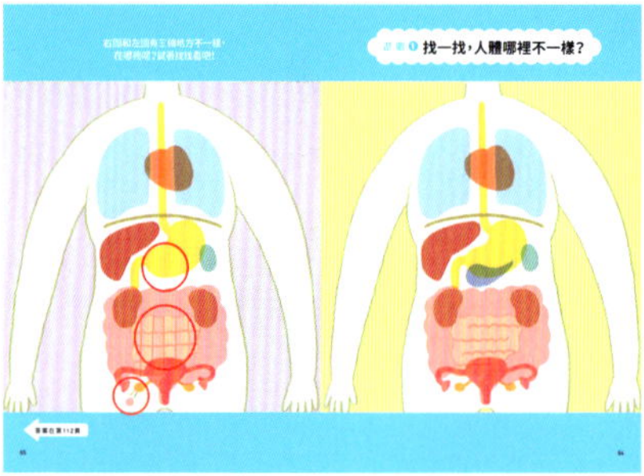

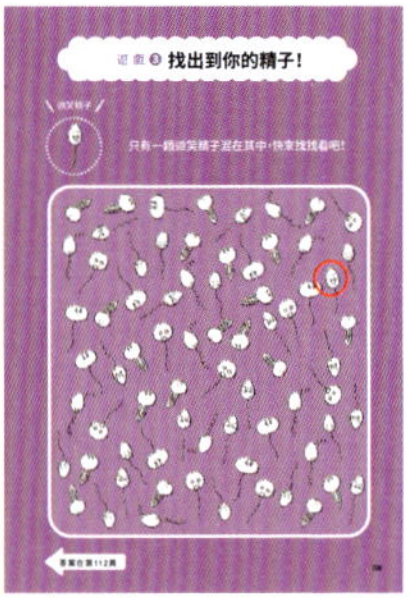

親子田　親子田系列 064

小寶寶是從哪裡來的呢？親子共學的性教育
赤ちゃんはどこからくるの？親子で学ぶはじめての性教育

作　　　　者	野島那美／圖：林有美
譯　　　　者	蔡麗蓉
封 面 設 計	比比司
內 文 排 版	許貴華
主　　　編	蔡雨庭・黃安汝
出版一部總編輯	紀欣怡
日 本 製 作 團 隊	封面插圖・內頁插圖：林有美／裝幀設計：坂川朱音／內頁設計：坂川朱音＋田中斐子（朱猫堂）／排版（DTP）：株式会社ローヤル企画／編輯協力：籔智子

出　　版　　者	采實文化事業股份有限公司
業 務 發 行	張世明・林踏欣・林坤蓉・王貞玉
國 際 版 權	劉靜茹
印 務 採 購	曾玉霞
會 計 行 政	李韶婉・許欣瑀・張婕莛
法 律 顧 問	第一國際法律事務所　余淑杏律師
電 子 信 箱	acme@acmebook.com.tw
采 實 官 網	www.acmebook.com.tw
采 實 臉 書	www.facebook.com/acmebook01

I　S　B　N	978-626-349-799-3
定　　　價	340 元
初 版 一 刷	2024 年 10 月
劃 撥 帳 號	50148859
劃 撥 戶 名	采實文化事業股份有限公司
	104 台北市中山區南京東路二段 95 號 9 樓
	電話：(02)2511-9798　　傳真：(02)2571-3298

國家圖書館出版品預行編目資料

```
小寶寶是從哪裡來的呢？親子共學的性教育 / 野島那美著；蔡麗蓉譯 .-- 初版 .-- 臺北市：采實文化事業股份有限公司, 2024.10
112 面；14.8x21 公分 .-- ( 親子田；64)
譯自：赤ちゃんはどこからくるの？親子で学ぶはじめての性教育
ISBN 978-626-349-799-3( 平裝 )
1.CST: 性教育 2.CST: 親職教育
544.72                                                    113012304
```

AKACHAN WA DOKOKARAKURUNO? OYAKO DE MANABU HAJIMETENO SEIKYOIKU
written by Nami Nojima, illustrated by Yumi Hayashi Text copyright © Nami Nojima, 2020 Illustrations copyright © Yumi Hayashi, 2020 All rights reserved. First published in Japan by Gentosha Publishing Inc.
This Traditional Chinese edition is published by arrangement with Gentosha Publishing Inc., Tokyo c/o Tuttle-Mori Agency, Inc., Tokyo, through Keio Cultural Enterprise Co., Ltd., New Taipei City.

采實出版集團
ACME PUBLISHING GROUP

版權所有，未經同意不得
重製、轉載、翻印